세상 모든
성인들의
종교 이야기

마음이 쑥쑥 자라는 세상 모든 시리즈

# 세상 모든
# 성인들의
## 종교 이야기

2008년 8월 15일 초판 1쇄 펴냄

펴낸곳 | ㈜꿈소담이
펴낸이 | 김숙희
글 | 이영민
그림 | 이철민
총진행 | 이창수

주소 | 136-023 서울특별시 성북구 성북동 1가 115-24 4층
전화 | 747-8970 / 742-8902(편집) / 741-8971(영업)
팩스 | 762-8567
등록번호 | 제6-473(2002. 9. 3)

홈페이지 | www.dreamsodam.co.kr
전자우편 | isodam@dreamsodam.co.kr

ⓒ 꿈소담이, 2008
ISBN 978-89-5689-428-7 73200

● 책 가격은 뒤표지에 있습니다.
● 꿈소담이의 좋은 책들은 어린이와 세상을 잇는 든든한 다리입니다.

마음이 쑥쑥 자라는 세상 모든 시리즈 15

# 세상 모든 성인들의 종교 이야기

이영민 글 | 이철민 그림

## 머리말

# 종교란 무엇인가?

여러분 중에 종교를 가지고 있는 친구들이 있나요? 어떤 친구는 불교, 어떤 친구들은 기독교를 믿고 있을 거예요. 또 종교를 가지고 있지 않은 친구들도 있지요.

이런 다양한 종교들은 왜 생겨났으며 도대체 종교란 무엇일까요?

사람들은 살면서 많은 것들을 궁금해 하지요.

나는 누구일까?
사람은 왜 사는 것일까?
사람은 죽으면 어떻게 될까?
이 세상은 어떻게 생겨났을까?

이런 의문들은 아주 오래전 원시 시대부터 사람들이 갖고 있던 것이에요. 요즘은 철학이나 과학과 같은 학문을 통해 이런 의문들을 해결하기도 하지만 여전히 우리가 이해할 수 없는 일들도 있어요.

옛날 사람들은 이러한 의문에 대해 생각하다가 이 세상에는 알 수 없는 신비한 힘이 있다고 생각하게 되었어요. 이 세계는 자연을 지배하는 신들이 만든 작품이라고 생각하기도 했고, 혹은 자연 그 자체가 신이라고 생각하기도 했지요. 사람들의 생활이나 농사에 큰 영향을 미치는 태양을 신이라고 생각하기도 했고, 산이나 강을 신 또는 신이 살고 있는 집이라고 여기기도 했어요.

그래서 사람들은 이런 신들에게 사냥을 많이 할 수 있도록 또는 농사가 잘 되도록 기도를 하기도 했어요. 라스코 동굴과 같은 세계 곳곳의 깊은 동굴들에서 동물 그림들이 발견되었는데, 이러한 그림들은 원시 시대 사람들이 사냥이 잘 되기를 기원하며 그린 것이랍니다. 또 수확이 좋을 때는 감사의 기도를 했어요. 반대로 홍수나 가뭄과 같은 큰 자연재해가 일어나면 신의 노여움을 샀기 때문이라고 생각해서 사람들은 신의 노여움을 풀기 위해 제물을 바치며 기도했지요.

이런 옛날 사람들의 믿음이나 의식이 점차 발전하여 오늘날과 같은 종교가 생겨나게 된 것이에요. 종교는 사람들이 살아가는 데 많은 위로와 희망이 되고, 어떻게 살아가는 것이 옳은지 이야기해 주기도 한답니다. 다양한 종교에 대해서 이해하는 것은 여러분이 여러 사람들의 삶과 생각을 이해하는 데 많은 도움을 줄 거예요.

그럼 이제부터 위대한 성인들이 들려주는 다양한 종교 이야기의 세계로 함께 들어가 볼까요?

이영민

## 차례

| | |
|---|---|
| 14 | 선한 것은 반드시 승리한다, 조로아스터 **조로아스터교 이야기** |
| 24 | 신의 가르침을 전한 위대한 예언자, 모세 **유대교 이야기** |
| 34 | 세상 사람들의 죄를 대신해 죽은 예수 **그리스도교 이야기** |
| 44 | 알라의 마지막 예언자, 무함마드 **이슬람교 이야기** |
| 54 | 깨달음을 얻은 사람, 붓다 **불교 이야기** |
| 64 | 조화로운 사회를 만들고자 한 위대한 스승, 공자 **유교 이야기** |
| 74 | 집착에서 벗어난 자유로움, 장자 **도교 이야기** |
| 84 | 가난한 사람들의 성녀, 테레사 **가톨릭교 이야기** |
| 94 | 사람이 곧 하늘이라, 최제우 **천도교 이야기** |

**104** 평범한 성자, 박중빈 **원불교 이야기**

**114** 널리 사람을 이롭게 하라, 나철 **대종교 이야기**

**124** 인간의 힘으로 열어야 할 새로운 세상, 강일순 **증산교 이야기**

**134** 신은 우리의 마음속에 있다, 나나크 **시크교 이야기**

**144** 모든 살아 있는 생명을 존중하라, 마하비라 **자이나교 이야기**

**154** 누구나 자신의 종교를 따라야 한다, 라마크리슈나 **힌두교 이야기**

**164** 세상의 모든 만물은 신이 될 수 있다, 미치자네 **신도 이야기**

**174** 세계는 한 나라이며 인류는 그 국민이다, 바하 알라 **바하이교 이야기**

**184** 삶의 목표는 행복에 있다, 달라이 라마 14세 **라마교 이야기**

종교는 사람들이 살아가는 데 많은 위로와 희망이 되고,
어떻게 살아가는 것이 옳은지 이야기해 주기도 한답니다.

# 자, 그럼
# 종교 여행을
# 떠나 볼까요?

# 선한 것은 반드시 승리한다, 조로아스터
## 조로아스터교 이야기

　서른 살쯤으로 보이는 한 남자가 열심히 기도를 하고 있었어요. 어디선가 갑자기 밝은 빛이 나타나 그를 비추었지요. 그 빛 속에서 천사의 목소리가 들려왔어요.

　"나는 전능한 신인 아후라 마즈다 신의 말씀을 전하러 왔다. 너는 육신의 껍질을 벗고 순수한 영혼으로 현명한 신 아후라 마즈다 앞에 나아갈 것이 허락되었노라."

밝은 빛과 함께 천사의 목소리가 계속해서 들려왔어요.

"아후라 마즈다 신은 빛의 신이며 선한 신이다. 그리고 그에게는 쌍둥이와도 같은 신인 앙그라 마이뉴가 또한 함께 있다. 그런데 앙그라 마이뉴는 어둠의 신이며 악한 신이다. 이 신들은 태초에 각기 다른 길을 선택해 나누어졌으나 떼려야 뗄 수 없는 관계이다. 하지만 너희는 걱정할 것이 없다. 너희는 선한 길을 택하여 살도록 하여라. 세상이 끝날 때 구세주가 나타나게 될 것이니 너희는 모두 되살아나 최후의 심판을 받게 될 것이다. 앞으로 네가 듣게 될 모든 이야기를 사람들에게 전하도록 하라."

처음으로 신의 계시를 받은 이 남자는 신의 말씀을 하나도 빼놓지 않고 기록하여 사람들에게 알려야겠다고 결심했어요. 그는 아후라 마즈다 신이 자신에게 예언자로서의 임무를 주었다는 것을 깨달았지요. 그의 눈은 밝은 빛과 같이 생기 있게 반짝였어요.

이렇게 신의 계시를 받은 이 남자가 바로 예언자 조로아스터예요. 조로아스터는 '자라투스트라'라는 이름으로도 많이 알려져 있지요. 페르시아어인 자라투스트라를 영어로 발음한 것이 조로아스터예요.

조로아스터는 이 첫 계시 이후로도 계속해서 신의 계시를 받게 되었고, 그것을 사람들에게 알렸어요. 그리고 조로아스터의 이름을 따서 조로아스터교가 생겼어요. 조로아스터교는 아주 오랜 고대의 신앙이지만 오늘날까지도 사람들이 믿고 있는 종교예요.

조로아스터교에서는 세상이 끝날 때 구세주가 출현할 것이며, 그때 죽은 자들이 모두 부활하여 최후의 심판을 받게 된다고 믿어요. 이때 착하게 산 사람은 천국으로 가게 되지만 악하게 산 사람은 지옥으로 가게 된다고 해요. 이러한 믿음은 이후에 생겨난 유대교나 그리스도교, 이슬람교 등에 많은 영향을 주었어요.

조로아스터교는 아후라 마즈다가 모든 생명과 선한 것을 창조했다고 해요. 아후라는 '주', 마즈다는 '현명함' 또는 '빛으로 가득 참'이라는 뜻으로, 아후라 마즈다는

16 • 세상 모든 성인들의 종교 이야기

빛의 주인 또는 현명한 주인이라는 뜻이랍니다. 앙그라 마이뉴는 샤이턴 또는 사탄이라고 불렸는데 그 신 주위에는 악마의 무리가 있어 사람들을 괴롭히거나 시험했지요.

조로아스터교는 선과 악을 분명하게 구분했어요. 아후라 마즈다는 어둠과 악의 신인 앙그라 마이뉴와 항상 싸워야만 한다고 했지요. 또 사람도 이와 같아서 선과 악 중에 어떤 것을 택할지는 자신의 선택에 달려 있다고 했어요.

그리고 선과 악 어느 쪽에 속해 있는지는 삶과 죽음 사이에 놓인 '친바트 다리'를 건널 때에 심판받게 된다고 해요. 친바트 다리는 정의로운 사람에게는 넓지만 악한 자에게는 칼날만큼이나 좁은 곳이지요.

최후 심판의 날, 아후라 마즈다 신은 결국 앙그라 마이뉴 신에게 이기게 되며 그 결과 앙그라 마이뉴 신과 악한 세상은 모두 사라진다고 해요.

조로아스터교는 고대의 종교이므로 오랜 세월을 거치면서 조금씩 더 굳건해지기도 하고 변화하기도 했어요. 처음 조로아스터가 종교를 만들었을 때 이 종교의 신은 둘이면서 곧 하나이기도 해서 유일신 세상에는 오직 신이 하나라는 사상에 가까운 편이었지요. 하지만 지금은 최고의 신인 아후라 마즈다 밑으로 지위가 낮은 신들이 생겨났어요.

현재 조로아스터교를 믿는 사람들은 약 20만 명으로, 주로 이란과 인도에 살고 있어요. 이란 지역은 바로 조로아스터교가 생겨난 지역이에요. 그런데 페르시아(지금의 이란)가 아랍인에게 정복당하자 100년에 걸쳐 조로아스터교도들은 페르시아를 떠나게 되었어요. 8세기 이후에는 엄청난 수가 인도로 이주했지요. 인도에 거주하는 페르시아계 조로아스터교도들을 '파르시'라고 부른답니다.

## ★ 조로아스터의 생애

조로아스터는 아주 오랜 옛날 페르시아에서 태어났어요. 페르시아는 문명이 아주 발달했던 곳이지요. 페르시아가 있던 지역은 지금의 '이란'이라는 나라가 있는 지역이에요. 조로아스터는 어린 시절에는 가정 교사로부터 지도를 받고 열다섯 살에는 '쿠치'라는 성스러운 노끈을 받았어요. 그는 어린 시절부터 동정심이 많고 착한 천성으로 유명했지요. 하지만 그는 삶과 존재의 의미에 대해 늘 고민이 많았어요.

결국 조로아스터는 스무 살 성인이 되면서 부모와 아내를 떠나 종교 생활을 시작했어요. 열심히 기도를 드리며 여러 곳을 돌아다니고 산에 들어가 살며 명상에 잠기기도 했지요. 조로아스터가 서른 살 정도 되었을 때 어느 날 천사가 나타나 그에게 아후라 마즈다 신의 계시를 전해 주었어요.

그는 그 후 8년 동안 여섯 명의 주요 천사장과 번갈아 만나게 되었어요. 그 천사들은 정직, 바른 사고, 정의, 겸손, 성취, 불멸 등 신의 성격을 대변하는 최고 천사들이었지요. 그 후부터, 조로아스터는 사람들에게 설교를 시작했지만 성공을 거두지 못했어요. 실망한 그에게 혹독한 시련이 닥쳤

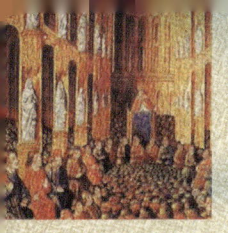

어요. 악의 신인 앙그라 마이뉴가 나타나 아후라 마즈다를 예배하는 종교를 버리라고 강요했던 거예요. 하지만 조로아스터는 이 유혹을 이겨냈어요.

그 후 조로아스터는 이란 동부 궁전에 머물며 비슈타슈파 왕자를 자신의 종교로 이끌기 위해 2년 동안 노력했어요. 하지만 왕자는 탐욕스런 사제들에게 넘어가고 말았지요. 조로아스터는 이 일로 2년간 감옥에 갇혔지만 왕자가 아끼는 말을 고쳐 그 보답으로 풀려나게 되었어요. 그리고 결국 왕자의 아내의 도움을 받아 왕자를 자신의 신앙으로 이끄는 데 성공하게 되었지요. 조로아스터교는 비슈타슈파 왕자의 도움으로 더욱 번성하게 되었어요.

그 후에도 조로아스터는 이란 지역의 사람들에게 열심히 종교를 전파하고 신앙을 지키기 위해 두 차례의 종교 전쟁을 치렀어요. 조로아스터교를 창시하여 신의 가르침을 전파했던 그는 일흔일곱 살에 유목민의 침입을 받아 죽음을 맞았답니다.

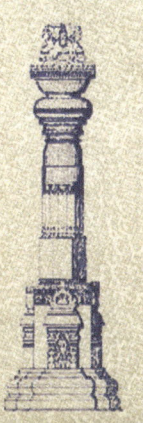
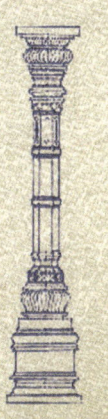

## 불의 사원과 침묵의 탑

　조로아스터교의 예배는 '불의 사원'이라 불리는 곳에서 진행돼요. 조로아스터교의 사제는 '마지'라고 불러요. 마지는 불의 사원에서 의식을 담당하지요. 불의 사원에는 불의 제단이 있고, 그곳에 신성한 불이 타오르고 있어요. 이 불은 길고 복잡한 의례를 거쳐 정화된 불이랍니다. 이 불은 빛과 선함의 근원인 신을 상징하는 것으로 사람들은 이 불을 통해 신의 본성을 깨닫고자 하는 거예요. 어떤 사람들은 조로아스터교가 불을 숭배한다고 생각하기도 하는데 그것과는 조금 다른 의미지요. 마지는 정화의례를 통해 정결히 하고 성전 아베스타 기도문을 암송하며 하루에 다섯 번씩 예배를 드린답니다.

　또 조로아스터교에는 '침묵의 탑'이라고 불리는 곳이 있어요. 그곳은 죽은 사람의 시체를 두는 곳으로, 높은 곳에 구덩이를 파고 시체를 놓아 새들이 그것을 뜯어 먹도록 하는 장례 풍습에서 생겨났지요. 이러한 장례 풍습을 조장이라고 불러요. 어떤 사람들은 조장이 너무 잔인한 풍습이라고 생각하기도 해요. 이란의 경우 70여 년 전에 조장의 풍습을 폐지했어요.

　하지만 조장은 하늘과 새를 신성하게 생각하는 데서 출발했어요. 죽으면 영혼과 육체가 분리되는데 새가 그 영혼을 하늘로 운반해 준다고 믿었지요. 또 죽은 육체는 흙해서 신성한 흙이나 물, 불과 섞여서는 안 되고, 새가 그 시신을 먹음으로써 깨끗하게 없어질 수 있다고 생각했답니다.

## 방대한 지식의 책, 아베스타

조로아스터교의 경전을 '아베스타'라고 불러요. 페르시아말로 '지식'이라는 뜻이에요. 아베스타는 신 아후라 마즈다가 조로아스터에게 계시한 것이지요. 현재에는 일부만 전해지고 있지만 원래의 아베스타는 아주 방대해서 지식의 전반에 걸쳐 다루어졌다고 해요.

아베스타는 처음에는 입에서 입으로 전해져 왔어요. 현재에 남아 있는 아베스타 경전은 사산페르시아 초기인 3세기에 21권의 경전으로 만들어졌던 것이에요. 하지만 오랜 세월이 흐르면서 현재까지 거의 그대로 남아 있는 것은 그 일부인 '벤디다드'뿐이에요. 벤디다드를 제외한 나머지 20권의 책은 일부분만이 단편적으로 전해지고 있어요.

아베스타에는 신에 대한 제사와 찬송, 악마와 대항하여 이길 수 있도록 기원하며 신께 드리는 기도, 신들에 대한 이야기와 죽은 후의 영혼에 대한 이야기들이 담겨 있어요. 또 '젠드아베스타'라는 책이 있는데, 그것은 아베스타를 이해하기 쉽게 풀이한 책이랍니다.

## 신의 가르침을 전한 위대한 예언자, 모세

# 유대교 이야기

"히브리 민족이 세력을 떨쳐서는 안 된다. 히브리 민족에게서 태어나는 사내아이는 모두 죽이도록 해라."

이집트 왕은 병사들과 국민에게 이렇게 명령했어요. 히브리 민족은 지금의 유대 민족의 선조예요. 이집트 왕은 히브리 민족이 점점 늘어나 세력이 커지는 것을 두려워했어요. 그래서 갓 태어난 사내아이들을 모두 죽이라고 명령했지요. 그러던 어느 날 한 히브리 여인에게서 아기가 태어났어요.

"아, 이 일을 어쩌면 좋아. 곧 이집트 병사들이 널 죽이러 올 거야. 하지만 널 죽게 할 수는 없지. 아가, 부디 살아남아 잘 자라 주렴."

여인은 자신의 아기를 광주리에 담아 강물에 띄워 보냈어요. 아기는 강물을 따라 둥둥 떠내려갔지요.

"저 광주리는 뭐지? 광주리를 가져오거라."

마침 강가를 지나던 이집트 공주가 아기가 담긴 광주리를 발견했어요.

"어머나, 귀여운 아기네. 좋아, 이 아기를 내 아들로 삼겠어."

공주는 아기에게 '모세'라는 이름을 지어 주었어요. 모세는 '물에서 건져 올린 아이'라는 뜻이랍니다.

모세가 태어나던 시기에 이집트에는 노예로 살아가던 히브리 사람들이 많이 있었어요. 그들은 아주 힘겨운 삶을 살고 있었지요. 하지만 언젠가 하느님이 인도자를 보내 주어 그들을 이집트에서 구해 내 젖과 꿀이 흐르는 땅으로 인도하리라는 기다림 속에서 살아가고 있었답니다.

모세가 사막에서 지내던 어느 날이었어요. 모세는 아주 신기한 나무를 발견했지요. 그 나무에는 불이 붙어 있었지만 조금도 타질 않는 거예요. 모세는 나무 곁으로 다가갔어요. 그때 나무에서 신의 목소리가 들려왔어요.

"모세야. 너는 네 민족을 고통으로부터 구하여 젖과 꿀이 흐르는 땅으로 인도하여라."

　모세는 즉시 신의 명령을 따랐어요. 이집트 사람들의 노예였던 히브리 민족을 구해 함께 길을 떠났지요. 이렇게 이집트 공주의 아들로 자라난 모세는 훗날 유대교를 믿는 사람들뿐만 아니라 그리스도교, 이슬람교를 믿는 사람들도 섬기는 위대한 예언자가 되었어요.

　이집트 병사들을 피해 도망가던 모세는 히브리 사람들과 시나이 산 기슭에 도착했어요. 그리고 기도를 드리기 위해 혼자 시나이 산에 올랐다가 그곳에서 신의 열 가지 가르침을 받게 되었어요.

1. 너희는 내 앞에서 다른 신을 모시지 못한다.

2. 너희는 너희 하느님의 야훼를 함부로 부르지 못한다.

3. 안식일을 기억하여 거룩하게 지켜라.

4. 너희는 부모를 공경하여라.

5. 살인하지 못한다.

6. 간음하지 못한다.

7. 도둑질하지 못한다.

8. 이웃에게 불리한 거짓 증언을 못한다.

9. 네 이웃의 아내를 탐내지 못한다.

10. 네 이웃의 소유를 탐내지 못한다.

 모세가 전해 준 신의 가르침을 '십계'라고 부르며, 히브리 민족과 이후 유대 민족의 삶에 아주 중요한 가르침이 되었답니다. 또 그때 하느님이 십계와 함께 '토라'로 알려진 5개의 경전을 모세에게 주었다고 해요.

 유대교는 이러한 모세의 가르침을 받은 유대 민족이 믿는 종교의 이름이에요. 유대교는 세상을 창조하고 다스리는 신은 오직 하나만 있다고 믿는 유일신교 중에서 가장 오래된 종교예요. 유대교의 유일한 신은 '야훼'라고 불린답니다.

유대 사람들은 회당에 모여 기도를 하고 예배를 드리지요. 이 회당은 성지인 예루살렘을 향해 지어요. 유대인 남자들은 회당에서 기도를 할 때 경의의 표시로 테두리 없는 모자인 '키파'를 쓰지요. 유대교의 사내아이는 열세 살이 되면 어른 집단에 들어가는 '바르 미츠바' 의식을 치러요. 이때 아이는 유대교 회당에서 사람들 앞에 서서 토라를 읽어요. 여자 아이들은 열두 살에 이 의식을 치르는데 '바트 미츠바'라고 부른답니다.

유대인들은 십계에 정해진 휴식일인 안식일(사바트)을 매우 중요하게 생각해요. 안식일은 금요일 해질 무렵부터 시작돼요. 온 가족이 모두 모여 기도를 하고 저녁식사를 하지요. 촛불을 켜고 함께 포도주와 빵을 나누어 먹어요. 안식일 동안에는 절대로 일을 해서는 안 돼요. 심지어는 전기를 켜는 것도 일을 하는 것이라고 생각한답니다.

## ★ 모세의 생애

　모세는 아브라함의 손자의 아들의 아들로 약 3,000년 전에 애굽, 즉 지금의 이집트에서 태어났어요. 이집트 왕의 박해를 피해 강에 버려졌던 모세는 이집트 공주의 손에 자라게 되지요.

　어른이 된 모세는 자신이 이집트인이 아니라 히브리 민족이라는 것을 알게 되었어요. 그러던 어느 날 모세는 이집트 사람이 히브리 노예를 때리는 것을 보았지요. 화가 난 모세는 그만 그 이집트 사람을 죽이고 말았어요. 모세는 사막으로 도망가 숨어 지내다가 양치기가 되었답니다.

　사막에서 지내던 어느 날, 모세는 히브리 민족을 구하라는 신의 목소리를 듣게 되었어요. 모세는 신의 명령대로 이집트 왕을 만나 신의 말씀을 전하고 히브리 민족을 풀어 달라고 요구했지요. 하지만 이집트 왕은 모세의 요구를 거절했어요.

　신은 크게 화가 났어요. 그때부터 이집트에는 열 가지의 무서운 재앙이 내려졌지요. 나일 강은 피로 물들고, 개구리 떼, 모기 떼, 파리 떼, 메뚜기 떼가 몰려왔어요. 질병이 돌고, 가축들은 죽어 갔고, 우박이 쏟아지고, 3일 동안 밤이 계속되었어요. 또 이집트 사람과 그 가축 가운데 태어나는 맏이가 모

두 죽어 버렸지요. 결국 이집트 왕은 히브리 사람들을 풀어 주었답니다.

　모세는 히브리 사람들을 이끌고 길을 떠났어요. 하지만 이집트 왕은 군사를 보내어 히브리 사람들을 다시 잡아오도록 했어요. 이집트 군사들이 쫓아오는데 모세 일행의 앞에는 홍해라는 거대한 바다가 가로막고 있었어요. 하지만 신은 바다를 양쪽으로 갈라 건너게 해 주었다고 해요.

　사막을 헤매며 시나이 산에 도달한 모세에게 신은 십계와 가르침을 주었어요. 그런데 히브리 사람 중에는 하나뿐인 신을 믿지 않고, 황금으로 만든 우상에 절을 하는 사람들도 있었어요. 이것은 신의 가르침에 어긋나는 것이었지요. 모세는 화가 나서 십계가 적힌 돌을 깨뜨렸어요. 하지만 히브리 사람들은 모세 때문에 사막에서 고생을 하게 되었다며 원망하고 신에게 순종하지 않았어요. 신은 이에 대한 벌로 히브리 사람들이 약속의 땅인 가나안에 들어가지 못하게 하고 40년을 사막에서 더 머무르게 했어요. 모세도 결국 가나안 땅을 밟지 못한 채 백스무 살에, 후계자 여호수아에게 약속된 가나안 땅으로 민족을 이끌고 돌아가라는 부탁을 남기고 숨을 거두었지요.

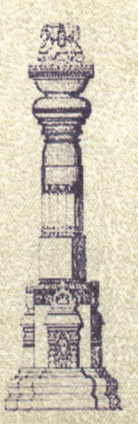
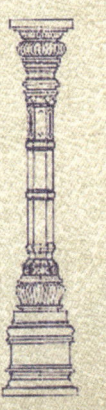

## 유대교는 어떻게 시작되었을까?

유대교는 최초의 유대인으로 알려진 아브라함과 함께 시작되었어요. 아브라함은 약 4,000년 전에 지금의 이라크 우르 지방에서 태어났어요.

어느 날 신은 아브라함에게 가나안으로 가서 큰 나라를 세우라고 했어요. 가나안은 오늘날의 이스라엘과 팔레스타인 땅이에요. 평생을 신에게 순종하며 살아온 아브라함에게 신은 그 자손이 늘어나고 크게 뻗어나갈 것이라고 약속했어요. 그리고 그 약속은 이루어졌지요. 아브라함의 첫째 아들인 이스마엘은 아랍 민족과 이슬람교의 선조가 되었고, 둘째 아들인 이삭은 유대 민족과 그리스도교의 조상이 되었으니까요.

유대 민족은 아브라함이 하나님과 맺은 계약이 곧 유대 민족과 맺은 계약이라고 믿으며, 명예롭게도 하나님이 유대 민족을 선택해 주었다고 생각하지요. 그래서 유대 민족은 스스로를 '선택된 민족'이라고 불러요. 또 하나님이 유대 민족과 맺은 계약의 표시로 모든 유대의 남자들은 여덟 살이 되는 날 할례를 받아요. 할례는 성직자가 사내아이의 성기 끝을 아주 조금 베어 내는 것이지요. 유대교인들은 성서에 따라 생활하는데 음식도 그 규율에 따라 돼지고기, 말고기, 토끼고기, 낙타고기, 오징어, 문어, 게, 가재, 새우 등은 먹지 않아요.

## 유대인의 성서, 토라와 탈무드

　유대교인들은 신의 가르침에 따라 살아가는 것을 가장 중요하게 생각해요. 유대교의 가장 중요한 경전은 바로 '토라'예요. 토라는 유대 성서(구약성서)의 맨 앞에 있는 다섯 권의 책, 즉 창세기, 출애굽기, 레위기, 민수기, 신명기를 가리키는 동시에 유대교 율법을 이르는 말이에요.
　토라는 '모세 오경'이라고도 불러요. 토라에서 가장 중요한 것은 십계명이지만 그 밖에도 여러 가지 중요한 규범과 세상이 창조된 이야기, 유대 가문의 이야기와 역사, 시편 등이 담겨 있어요. 유대인들이 살아가면서 다루어야 할 모든 것들에 대한 지침이 들어 있다고 할 수 있죠. 따라서 경전을 공부하는 것은 모든 유대인들이 평생 해야 하는 숙제예요.
　어린 시절에는 집에서, 좀 더 자라면 회당에서 랍비에게 배우게 되지요. 랍비는 경전을 가르쳐 주고 종교 의식을 이끌어 가는 사람들이에요.
　토라는 손으로 적은 양피지 두루마리로 되어 있어요. 유대인은 토라를 아주 소중히 여겨서 성궤라는 커다란 상자에 보관하지요. 그리고 우리가 유대인의 지침서로 알고 있는 유명한 '탈무드'는 바로 이 토라에 대한 해석과 설교, 이야기나 격언들을 모아 놓은 책이랍니다.

세상 사람들의 죄를 대신해 죽은
예수
# 그리스도교 이야기

"저 자를 잡아라."

명령을 받은 군인들은 제자들과 함께 있던 한 남자를 체포했어요. 그 남자는 당시 로마의 총독이었던 본시오 빌라도 앞으로 끌려가 심문을 받게 되었지요. 결국 그는 십자가에 못 박히는 무서운 형벌을 받게 되었어요. 십자가에 못 박혀 죽는 형벌은 아주 큰 죄인에게 내려지는 벌이었지요.

그는 자신이 못 박힐 십자가를 메고 골고다 언덕을 올라갔어요.

"네가 유대의 왕이라고 하니 너에게 왕관을 씌워 주지."

남자의 머리에는 가시가 잔뜩 돋힌 면류관이 씌워졌어요. 그리고 다른 두 죄인과 함께 나무로 된 커다란 십자가에 못 박혔지요. 못이 박힌 양손과 발에서는 피가 흘렀어요.

구경하던 사람들은 그를 조롱하기 시작했어요.

"당신이 하나님의 아들이라면 그 십자가에서 내려와 봐. 그러면 그 사실을 우리가 믿을 테니."

"흥, 너같이 나약한 자가 메시아라고? 그렇다면 자기 자신이나 구원해 보시지."

"하나님을 모독하는 자야."

"죽여라, 죽여라!"

하지만 그는 묵묵히 자신의 죽음을 받아들였어요.

그의 옆에는 강도죄로 십자가에 매달린 두 명의 죄인이 있었어요. 유대의 왕이라 불리며 조롱당하던 사람은 옆의 두 죄인에게 하느님을 믿고 속죄하기를 권유했지요. 한 명의 강도는 그의 말을 믿지 않았지만 다른 강도는 그의 말을 따라 속죄했어요. 그는 속죄한 강도에게 그의 죄가 용서받았음을 이야기해 주고 하나님께 기도를 올리며 세상을 떠났어요.

"아버지, 제 영혼을 당신 손에 맡깁니다."

이 사람이 바로 예수예요. 예수는 유대인으로 그리스도교의 창시자라고 할 수 있지요. 예수는 '그리스도'라고 불리는데 그리스 말로 '기름 부음을 받은 사람' 즉, 성령이 내린 사람이라는 뜻이랍니다. 그래서 예수를 믿는 종교를 '그리스도교'라고 부르는 거예요.

그리스도교 사람들은 하나님이 신약, 즉 새로운 약속을 주셨다고 믿어요. 그리고 예수는 그 새로운 약속의 증거라고 믿지요.

구약성서에 보면 하나님이 세상을 창조하고 인류의 조상인 아담과 이브를 만들었다고 해요. 하나님은 아담과 이브를 낙원에서 행복하게 살도록 해 주었어요. 하지만 한 나무의 열매만은 따 먹지 말라고 경고했

CHRISTIAN

지요. 그런데 뱀의 꼬임에 빠진 이브가 그 열매를 따 먹게 되고, 결국 아담도 이브의 꼬임에 빠져 그 열매를 따 먹게 되었어요. 아담과 이브는 선함과 악함을 알게 되었지요. 하나님은 화가 나서 아담과 이브를 낙원에서 내쫓아 버렸답니다.

구약성서를 믿는 유대교인들과 그리스도교인들은, 사람은 누구나 아담과 이브로부터 물려받은 죄를 가지고 태어난다고 믿어요.

그리고 구약성서에는 언젠가 구세주가 나타나 사람들을 구원할 것이라는 예언도 들어 있어요. 그런데 예수는 자신이 바로 구약성서에 예언된 구세주라고 했지요.

예수의 제자들은 그가 하나님의 아들이며 구세주라고 믿었어요. 따라서 그리스도교인들은 하나님이 예수를 보내어 새로운 약속을 맺어 주었다고 믿어요. 하나님이 자신의 외아들인 예수를 보내어 모든 사람의 죄를 대신해 죽도록 했으므로, 이 예수를 믿으면 그 죄가 사라진다는 것이 하느님의 새로운 약속이라는 것이지요.

예수는 일생을 어렵고 가난한 자들에게 하나님의 가르침을 전하며 살았어요. 하나님의 가르침을 쉽게 풀어 가르쳐 주었지요.

그런데 예수의 가르침은 당시 팔레스타인 지역을 점령하고 있던 로마인들과 유대의 종교 지도자들과 조금 달랐어요. 유대교의 지도자들은 예수를 위험한 인물로 생각했지요. 따라서 유대교의 지도자들은 예수는 거짓 구세주이며, 사람들은 혼란시킨 죄인이라며 십자가에 못 박아 처형했던 거예요.

　예수를 통해 지중해에서 시작된 그리스도교는 그 후 2천여 년에 걸친 선교 운동으로 전 세계로 퍼져나가게 되었어요.

## ★ 예수의 생애

역사적인 관점에서 보면 예수는 2천여 년 전 팔레스타인에서 살았던 사람이에요. 신약성서에 따르면 예수는 성령의 힘으로 마리아에게 잉태되었어요. 마리아와 그의 남편 요셉은 베들레헴으로 길을 떠났는데 길을 가는 도중 마리아는 아기를 낳게 되었어요. 하지만 그들을 받아 주는 집이 없어 결국 마구간에서 예수를 낳았지요.

예수가 서른 살이 되자, 예수의 사촌인 세례자 요한은 요르단 강에서 예수에게 세례를 주었어요. 예수는 자신의 아버지인 하나님의 말씀을 사람들에게 알리러 떠나기로 결심했지요. 예수는 선교에 앞서 사막으로 가서 영적인 준비를 시작했어요. 사막에서 40일을 보내는 동안 사탄의 유혹을 세 차례나 받지만 이를 이겨 내고 선교 활동을 시작했지요.

예수는 선교 활동을 하면서 열두 제자를 만나게 되고 그들과 함께 곳곳을 돌아다녔어요. 예수는 사람들의 잘못에 관대했고, 함부로 비난하지 않았어요. 늘 가난하고 불행한 사람, 약한 사람들의 편이 되어 주었지요. 또 예수는 많은 기적을 일으켰어요. 병든 사람들을 치료해 주고, 배고픈 사람들이 배불리 먹도록 바구니에 빵을 채워 주었지요. 어부들의 그물에 물고기

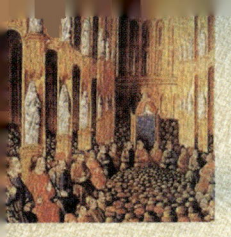

를 가득 채워 주기도 했어요. 이러한 예수의 행동과 가르침은 많은 사람들이 그를 믿고 따르도록 했어요. 그는 하나님이 인간을 사랑하는 것과 같이 이 땅의 모든 사람들이 서로 사랑해야 한다고 가르쳤지요. 이것이 바로 그리스도교의 가장 중요한 가르침이에요.

사람들은 예수를 '유대 사람들의 왕'이라고 부르기도 했어요. 하지만 유대교 지도자들은 이 말을 싫어했어요. 유대교의 사제들과 성전 관계자들에 대한 도전이라고 여겼고, 로마 사람들은 예수 때문에 로마 제국이 망할까 두려워했지요. 유대 종교 사제들의 명령을 받은 로마 군인들은 예수를 체포했어요. 예수는 자기가 체포될 것을 미리 알고 제자들과 함께 최후의 만찬을 나누었어요. 결국 예수는 서른셋의 나이로 십자가에 못 박혀 죽게 되었지요.

그리스도교의 신약성서에는 예수가 십자가에 못 박혀 죽은 지 3일 만에 죽음에서 부활하여 다시 제자들 앞에 나타났다고 기록되어 있어요. 이러한 예수의 죽음과 부활은 그가 하나님의 아들이며, 구세주임을 증명하는 중요한 사건으로 받아들여진답니다.

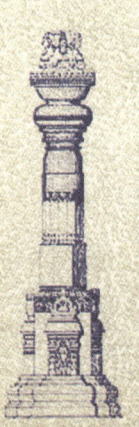
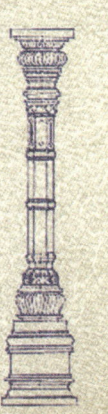

## 하나님과 만나는 경건한 의식

그리스도교의 신은 이 세상을 만든 오직 하나밖에 없는 신이지요. 그리스도교에서는 이 신을 '나의 하나님' 또는 '우리 아버지'라고 불러요. 유대교나 그리스도교에서 행하는 종교 의식을 예배라고 하는데, 기도를 드리고 성서를 읽는 것은 예배의 중요한 의식이에요.

그리스도교에서 가장 유명한 기도는 '하늘에 계신 우리 아버지……'로 시작하는 '주기도문'이에요. 주기도문은 예수가 제자들에게 가르쳐 준 기도지요. 기도는 언제나 '아멘'이라는 말로 끝맺는데 아멘은 히브리 말로 '나는 믿습니다.'라는 뜻이에요. 그리스도교인들은 기도를 통해 신에게 감사를 드리고 죄를 고백하고 반성하며, 도움을 청한답니다.

그리스도교에서 가르침의 근본이 되는 성스러운 책이 성서예요. 성서는 구약성서와 신약성서로 나누어져요. 구약성서는 유대 민족에게 주어진 신의 약속으로 유대교의 성서이기도 하지요. 신약성서는 예수의 삶과 죽음, 부활, 그리고 예수의 행적과 이야기를 기록하고 있어요.

그리스도교에서는 예수가 다시 살아난 날을 기념하여 예수가 다시 태어난 1주일의 첫날인 일요일을 '주일'이라고 부르며 안식일로 정했어요. 안식일인 일요일에는 일을 하지 않고 예배를 드려요. 함께 교회에 모여 기도를 드리고 성서를 읽고 하나님을 찬양하며 예배를 드리지요.

또 그리스도교의 중요한 의식으로는 '세례'가 있어요. 아기가 태어난 후에 일정한 시기가 되면 아기의 이마를 물로 적시며 의식을 행해요. 이것은 아기를 그리스도교인으로 받아들이는 의식으로 예수가 받은 세례를 떠올리고 기념하는 거예요.

## 크리스마스는 어떻게 시작되었을까?

초기 그리스도교에서는 부활절이 가장 크고 중요한 축제였어요. 부활절은 예수가 죽었다가 다시 살아난 것을 축하하는 날로 부활절 일요일에는 어린 양의 고기를 먹거나 특별한 빵, 또는 생명을 상징하는 부활절 달걀을 만들어 나누어 먹지요. 그 다음으로는 크리스마스 즉, 성탄절이었고요. 성탄절은 예수가 태어난 것을 축하하는 날이에요. 그리스도교에서 성탄절을 공식적인 축제일로 정한 것은 예수 탄생 후 400년이 지나서였어요. 그 이전에는 추운 겨울이 지나고 봄이 오는 것을 축하하는 민속적인 축제들이 있었는데 이 축제들과 그리스도의 탄생을 축하하는 의미가 합해져서 성탄절이 생겨난 것이지요. 이 날은 하나님이 외아들을 이 세상에 보내어 인류를 구원한 것을 기뻐하고 기억하며 선물을 주고 받아요. 오늘날에는 종교적인 의미를 떠나 세계적인 축제가 되었지요. 산타클로스나 크리스마스 트리는 비교적 최근에 생긴 크리스마스 전통이에요.

# 알라의 마지막 예언자, 무함마드
## 이슬람교 이야기

마흔 살쯤 되어 보이는 한 상인이 메카 외곽의 한 동굴 속에 앉아 조용히 명상에 잠겨 있었어요. 그는 해마다 동굴 속에 몸을 숨기고 생각에 잠기기를 즐겼지요.

그러던 어느 날 밤이었어요. 빛으로 둘러싸인 구름 속에서 누군가가 나타나 말을 걸었어요. 대천사 가브리엘이었지요. 가브리엘은 그에게 신의 계시를 전하며 말했어요.

"읽으라."

"저는 할 수 없습니다."

그러자 가브리엘은 다시 명령했어요.

"읽으라."

그는 가브리엘을 따라 다음과 같이 읽었어요.

"창조주이신 그대 신의 이름으로. 그분은 한 방울의 피로 인간을 만드셨다. 그대의 신은 가장 은혜로운 분이시니라."

그는 신이 계시를 주었다는 것을 알았어요. 그는 두려움에 가득차 급히 집으로 돌아갔어요. 그리고 아내에게 소리쳤지요.

"나를 덮어 줘요. 나를 숨겨 줘요."

아내는 그의 두려움이 가실 때까지 그를 이불로 감싸 주었어요.

신에게 첫 계시를 받고 두려움에 떨던 동굴 속의 남자는 바로 '무함마드'라는 사람이에요. 옛 유럽 사람들이 부르던 이름을 따서 '마호메트'라고 부르는 사람들도 있어요. 무함마드는 이슬람교에서 알라, 즉 신의 계시를 받았다고 믿으며 존경받는 예언자예요.

이슬람이란 아랍어로 '자발적으로 알라의 뜻과 명령에 순종한다.'는 뜻이에요. 또 무슬림은 '알라를 믿고 따르는 이'라는 뜻이지요. 이슬람교에서도 유대교나 그리스도교처럼 오직 하나의 신을 믿어요. 이슬람교에서는 이 신을 '알라'라고 부르지요.

　이슬람교는 유대교와 그리스도교, 여러 신을 숭배하는 다신교가 아라비아 반도에 서로 뒤섞여 있을 때 생겨났어요. 무함마드는 유일한 신인 알라의 뜻을 전하고 우상을 숭배하지 못하게 했어요. 처음에는 사람들이 이슬람교를 믿지 않았지만 30년이 지나 이슬람교는 매우 영향력 있는 종교가 되었지요.

무슬림들은 신의 말씀이 아브라함, 모세, 예수와 같은 예언자들을 통해 전해졌다고 믿어요. 하지만 알라의 가장 중요한 최후의 말씀을 받은 예언자는 무함마드라고 믿지요. 무함마드에 대한 무슬림들의 존경은 대단한 것이어서 신앙이 깊은 무슬림들은 그의 이름을 말할 때 언제나 '그에게 평화가 있기를!'이라고 덧붙이지요. 또 무슬림들에게 있어서 무함마드는 삶의 모범으로 여겨져요. 따라서 예언자 무함마드가 했던 일을 기록한 '순나'와 그의 말과 행동을 기록한 '하디스'는 본받고 따라야 할 지침서의 역할을 한답니다.

무함마드는 위에서 이야기한 것처럼 첫 계시를 받은 이후에도 신에게 여러 번 계시를 받았어요. 이러한 말씀들은 이슬람교의 경전인 코란에 고스란히 담겨 있지요. 따라서 코란은 철자 하나도 바꾸거나 덧붙일 수 없답니다. 코란은 '낭독'을 뜻하며 대천사 가브리엘이 무함마드에게 하느님의 말씀을 '읽으라'고 한 데서 비롯되었어요. 코란은 모두 114장으로 이루어져 있고, 무함마드와 함께 다닌 사람들이 쓴 것이지요.

코란에는 신을 어떻게 대하고 사람들과 어떻게 지내야 하는지, 그리고 삶을 어떻게 살아야 하는지 등이 적혀 있어요. 계시는 아랍어로 쓰였기 때문에 무슬림들은 항상 아랍어로 코란을 공부해 왔지요. 어린아이들은 뜻을 모른 채 그냥 암송하기도 해요. 하지만 무슬림들은 코란의 구절들이 알라가 하신 말씀이므로 단순히 암송하는 것만으로도 예배가 된다고 생각한답니다.

　이슬람교에서는 사람이 죽으면 자비로운 알라가 사람들의 모든 행위를 심판한다고 믿어요. 사람들이 코란에 따라 선하고 올바르게 살면 천국에서 영원한 생명을 얻지만, 그렇지 않으면 지옥에 간다고 해요. 따라서 무슬림들은 알라의 뜻에 어긋나지 않게 행동하고 말하며 살기 위해 노력하고 있어요. 그래야 알라가 올바른 길로 인도해 준다고 믿기 때문이지요.

### ★ 무함마드의 생애

　무함마드는 아라비아의 도시인 메카에서 570년경에 태어났어요. 무함마드는 여섯 살 때 부모님을 잃고 고아가 되었어요. 할아버지가 무함마드를 돌보아 주셨지요. 또 좀 더 자라자 무함마드의 삼촌은 그에게 낙타를 타고 사막을 다니는 방법을 가르쳐 주었어요. 무함마드는 자라서 낙타의 등에 짐을 싣고 먼 곳을 돌아다니며 장사를 하는 상인이 되었어요. 스물다섯 살이 되던 해에는 하디자라는 여인과 결혼하여 자식들도 얻었지요.

　무함마드가 살던 메카는 사막이지만 샘이 흐르고 나무가 있는 오아시스여서 사람들이 많이 모여 살았어요. 또 메카는 아브라함과 그의 아들 이스마엘이 지었다고 전해지는 카바 신전이 있는 곳이었지요. 이곳에는 유대교인들과 그리스도교인들, 심지어는 여러 우상들을 숭배하던 여러 종교의 아라비아 부족들까지 많은 사람들이 몰려들었어요. 메카의 상인들은 그들에게 향신료 등 여러 가지 물건을 팔 수 있었으므로 이교도(다른 종교를 믿는 사람)들에게 아무런 불만이 없었어요.

　하지만 무함마드는 부자가 되고, 존경을 받으면서도 이교도들 때문에 늘 마음이 편치 않았어요. 그래서 종종 사막과 산을 찾아가 혼자 지내며 명상에 잠기곤

했지요. 그러던 어느 날, 무함마드는 메카 변두리의 한 동굴에서 신의 첫 계시를 받았어요. 그리고 오랜 세월 동안 여러 번의 계시를 받았지요.

무함마드가 선교를 시작한 지 10년쯤 지난 어느 날 밤이었어요. 그는 대천사 가브리엘에 이끌려 마법의 말을 타고 예루살렘으로 갔어요. 그리고 천사들에 둘러싸여 일곱 층으로 겹겹이 쌓인 하늘나라를 지나 하늘 꼭대기에 올라갔어요. 그는 그곳에서 아브라함, 모세, 예수 등 앞선 예언자들과 만나고 그들과 함께 신에게 엎드려 기도를 했어요. 알라는 그에게 하루에 다섯 번 기도할 것을 명령했지요.

무함마드는 '알라 이외에 다른 신은 없다.'라고 말하며 선교 활동을 했어요. 그러자 다른 여러 신들을 믿고 있던 사람들이 화가 나서 그를 내쫓았어요. 메카를 떠나 메디나로 간 그는 알라의 뜻을 전하고 자신을 따르지 않는 자들과는 맞서 싸웠어요. 메디나의 통치자가 된 무함마드는 그를 따르는 사람들과 함께 다시 메카로 돌아갔어요. 그는 메카를 점령하고 카바 신전을 다시 신의 장소로 되돌려 놓았어요. 2년 후, 그는 알라의 말씀을 전하는 마지막 설교를 한 후 예순세 살의 나이로 메디나에서 죽어 그곳에 묻혔답니다.

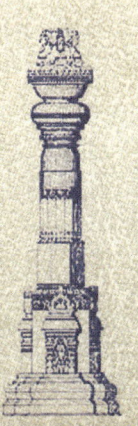
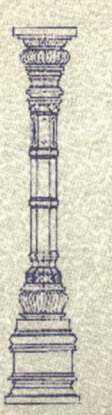

## 이슬람교의 다섯 기둥

건물을 떠받치는 것이 기둥인 것처럼 이슬람교의 다섯 기둥은 이슬람교의 신앙과 관습을 떠받치는 다섯 가지 계율이에요.

첫 번째 기둥은 샤하다예요. '알라는 유일한 신이며, 무함마드는 알라의 예언자이다.'라고 믿고 말하는 것이지요. 이렇게 자신의 믿음을 밝히는 거예요. 무슬림이 갓 태어난 아기의 귀에 대고 처음으로 속삭이는 말도, 죽는 순간 마지막으로 하는 말도 바로 이 말이랍니다.

두 번째 기둥은 살라트예요. 이것은 하루에 다섯 번 기도를 올리는 거예요. 무슬림들은 해가 뜰 무렵, 정오, 오후, 저녁, 그리고 밤에 하던 일을 멈추고 메카를 향해 절을 올리며 예배를 해요.

세 번째 기둥은 자카트예요. 가난한 사람들에게 자신의 것을 나누는 등 친절을 베푸는 것이지요. 알라의 관대함을 따른다는 의미지요.

네 번째 기둥은 사움입니다. 즉 단식을 하는 것이지요. 특히 라마단이라고 하는 성스러운 달에는 반드시 금식을 해야 하지요. 이 기간에는 해가 있는 낮 동안에는 음식과 음료수를 먹지 않아요.

마지막 다섯 번째 기둥은 하지예요. 이것은 순례에 대한 것으로, 건강한 무슬림이라면 누구나 적어도 일생에 한 번은 메카를 순례해야 돼요. 메카는 카바 신전이 있는 도시이자 무함마드가 태어난 곳으로 해마다 2백만 명 이상의 무슬림들이 순례를 하지요.

## 모스크와 라마단

　이슬람교의 예배당을 '모스크'라고 불러요. 무슬림들은 이곳에 모여 기도를 하고 예배를 드리지요. 모스크에는 의자가 없고 바닥에 깔린 카펫 위에서 기도를 하는데 반드시 신을 벗고 들어가야 해요. 또 예배에 참석하는 사람들은 모스크 안에 마련된 장소로 가서 의례에 따라 손, 얼굴, 코, 입, 팔, 발 등을 깨끗이 씻은 후 예배를 본답니다. 예배를 볼 때는 종교 지도자인 '이맘'이 기도를 이끌어요. 또 '무프티'라는 학자는 무슬림들에게 충고를 해 주고, 코란을 설명해 주지요. 이슬람교에서 성스럽게 여기는 모스크는 메카, 메디나, 예루살렘에 세 곳이 있어요. 예루살렘 모스크는 무함마드가 겪은 '밤의 여행'을 기념하기 위한 곳이에요.

　라마단은 무슬림들이 중요하게 생각하는 기간으로 이슬람교의 달력인 '헤지라 달력'으로 아홉 번째 달의 이름이에요. 무함마드가 기도를 하기 위해 혼자 동굴로 떠났던 달로 대천사 가브리엘이 나타났던 것을 기념하여 이 기간에는 해가 있는 낮 동안 금식을 하지요. 하지만 밤에는 친구들이나 가족과 함께 맛있는 음식을 먹어요. 어린이는 열두 살 무렵부터 라마단을 지키기 시작하지요. 라마단의 마지막 날은 '이드 알 피트르'라고 해서 라마단이 끝난 것을 축하하고 서로 선물을 주고받으며, 모두에게 친절해지려고 노력한답니다.

## 깨달음을 얻은 사람, 붓다
# 불교 이야기

옛날에 한 왕자가 살고 있었어요. 왕자는 아버지의 궁전에서 아무 걱정 없이 자라났지요. 왕자는 여러 스승에게서 학문과 과학, 춤과 음악을 배웠어요. 또 말을 타는 법, 활과 창, 칼을 다루는 법도 배웠지요. 왕과 왕비는 왕자에게 무엇이든 해 주었지만 결코 추한 것이나 불행한 것을 보여 주려 하지 않았어요. 왕자가 행복하게 살기를 원했기 때문이지요. 왕자는 훌륭하게 자라나 결혼을 하고, 아이도 낳았어요. 가족과 함께 계절에 따라 여러 궁전을 오가며 행복하게 살았지요. 그러던 어느 날이었어요.

"아, 지루해. 이 궁전 밖에는 어떤 세상이 있을까? 분명 내가 보지 못한 멋진 것들이 있을 거야."

왕자는 몰래 궁전을 빠져나와 도시를 돌아다녔어요.

"이럴 수가. 난 이런 것은 상상조차 하지 못했어."

왕자가 만난 것은 그가 생전 처음 접하는 삶의 불행하고 힘든 모습들이었어요. 걷기조차 힘들 정도로 늙은 노인과 죽음, 가난한 사람들과 떠돌며 수행하는 사람들을 만났지요.

"아, 사람들은 늙고 병들며 죽어갈 수도 있구나. 산다는 것은 이런 괴로움들 속에 있는 것이구나."

왕자는 커다란 충격을 받았어요. 그리고 다른 사람들의 고통을 보며 자신도 괴로워졌어요. 그 후 그는 모든 것을 버리고 궁전을 떠나기로 결심했어요.

이 이야기에 나오는 왕자의 이름은 고다마 싯다르타예요. 훗날 붓다라고 불렸지요. 붓다는 '깨달음을 얻은 사람'이라는 뜻이에요. 괴로움이 어디에서 오며 또 어떻게 벗어날 수 있는지를 깨닫게 되면서 얻은 이름이지요. 불교는 깨달음을 얻은 싯다르타, 즉, 붓다의 가르침을 바탕으로 한 종교예요. 기원전 450년경에 인도 동북부에서 시작되었지요. 불교는 붓다가 보리수나무 아래에서 깨달은 네 가지 진리를 바탕으로 해요. 그 네 가지 진리는 다음과 같아요.

인생은 괴롭고 만족스럽지 못하다.
인생을 괴롭게 만드는 것은 욕망이다. 늘 젊은 채로 있고 싶거나, 죽고 싶지 않거나, 자기가 갖지 못한 것을 원하면 불행해지는 것이다.

욕망이 없어지면 더 이상 고통스럽지 않다.

욕망에서 벗어나려면 지혜롭고 정당한 태도를 배우고 터득해야 한다.

또 붓다는 올바른 삶의 방식으로 '중도'를 이야기했어요. 어떤 일을 생각하고 행하는 데 있어서 한쪽으로 치우치지 않고 훌륭한 지혜와 깨달음을 얻는 것을 말해요. 예를 들어 모든 것을 버려서도 안 되고, 너무 많이 가져서도 안 되지요. 또 세속적인 욕망만을 추구해서도 안 되지만 자기 자신을 학대하고 고통스럽게 하는 것도 옳지 않다는 것이지요.

불교에서는 수레바퀴가 돌듯 모든 생명은 깨달음을 얻기 전까지는 끝없이 다른 모습으로 다시 태어난다고 해요. 사람이든 동물이든 모두 마찬가지로 이번에는 사람으로 태어났지만 다음에는 동물로 태어날 수도 있어요. 이것을 '윤회'라고 하지요.

붓다는 우리의 모든 생각과 행동은 자신과 다른 사람들에게 영향을 미친다고 가르쳤어요. 따라서 선한 행동과 말을 하면 다음번에 태어났을 때 더 나은 삶을 살 수 있답니다. 그리고 이렇게 계속해서 다시 태어나는 것을 끝내고 깨달음을 얻은 상태를 '니르바나', 곧 열반이라고 해요. 니르바나에 이르려면 늘 바르게 살고 명상을 통해 진리를 깨달아야 해요. 그리고 사람이 살아가는 데 있어서 가장 중요한 원칙은 동정과 자비라고 했지요. 즉 다른 사람들과 생명을 불쌍히 여기고 베푸는 마음을 중요하게 생각했어요.

　이렇게 붓다의 지혜와 사상은 불교라는 하나의 종교가 되었어요. 붓다는 지혜로운 인간으로 모두들 신처럼 여기지만 신은 아니에요. 따라서 불교는 신이 없는 종교예요. 붓다는 '깨달은 자'는 자신만이 아니라고 가르쳤어요. 그 이전에도 많은 붓다들이 있었으며, 앞으로도 많은 붓다들이 나타날 것이라고 했지요. 그러므로 우리가 사는 목적은 '깨달은 자', 즉 붓다가 되도록 스스로 노력하는 것이라고 할 수 있어요. 붓다의 가르침은 주변의 국가들뿐만 아니라 멀리 있는 국가들에까지 퍼져 나갔답니다.

## ★ 붓다의 생애

후에 붓다라는 이름을 얻게 된 고다마 싯다르타는 기원전 563년경에 태어났어요. 그가 태어난 곳은 네팔과 인도가 맞닿아 있는 작은 도시 국가였지요. 그는 아버지인 카필라의 왕 슛도다나와 왕비인 마야 사이에서 왕자로 태어났어요. 마야 왕비는 룸비니 동산을 지나다가 나무 아래에서 싯다르타를 낳았지요. 마야 왕비는 싯다르타가 태어난 지 7일 만에 죽고, 싯다르타는 마야 왕비의 동생인 마하프라쟈파티의 보살핌을 받았어요.

싯다르타는 스승들에게서 많은 가르침을 받으며 부유하게 자라났어요. 열아홉 살이 되던 해에 싯다르타는 아쇼다라와 결혼했고, 궁궐에서 화려하게 살았어요. 그리고 스물아홉 살이 되던 해에 아들 라훌라를 얻었답니다.

싯다르타는 사람이 늙고, 병들고, 죽어가며 괴로움 속에 살아간다는 것을 알게 되고는 집을 나와 수행을 하기로 결심했어요. 집을 떠난 싯다르타는 6년 동안 지혜로운 사람들과 이야기를 나누기도 하고 명상과 단식을 하며 자신의 질문에 답을 얻으려고 했어요. 그것은 아주 힘든 고행이었고, 싯다

르타는 뼈와 가죽만 남을 정도로 야위고, 머리칼도 빠졌어요.

그러던 어느 날 싯다르타는 이런 고행만으로는 깨달음을 얻을 수 없다는 것을 알았어요. 음식을 먹고 기운을 차린 싯다르타는 다시 보리수 나무 아래에 앉아 밤새도록 명상에 빠져들었어요. 그리고 동이 틀 무렵, 드디어 그는 깨달음을 얻게 되었어요. 사람은 가질 수 없는 것을 가지려는 욕망 때문에 괴로워하고 불행해지는 것을 말이에요. 또 이러한 불행에서 벗어나려면 욕망을 버려야 한다는 것을 깨달았지요. 깨달음을 얻은 싯다르타는 붓다, 여래, 석가모니, 세존 등 여러 가지 이름으로 알려지기 시작했어요.

깨달음을 얻은 다음 붓다는 다섯 명의 사람에게 처음으로 설법을 하여 제자를 얻었어요. 그 후로도 붓다는 45년 간 이곳저곳을 돌아다니며 자신이 얻은 깨달음을 이야기했어요. 그리고 여든 살이 된 어느 날 붓다는 쿠리나가라 성 밖의 나무들 아래에서 죽음을 맞이했어요. 붓다는 슬퍼하는 제자들에게 마지막으로 이렇게 말했다고 해요.

"울지 말아라. 아무리 가깝다 해도 서로 헤어지고 떠나는 것이 만물의 본질이라고 하지 않았느냐."

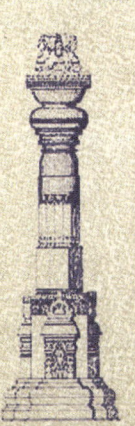
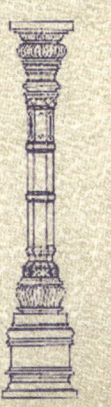

## 불교의 가르침에는 어떤 것들이 있을까?

불교에는 모든 신도들이 따라야 할 다섯 가지 기본 계율이 있어요. 그것은 살생하지 말 것, 거짓말하지 말 것, 도둑질하지 말 것, 음란한 행동을 하지 말 것, 술을 마시지 말 것 등의 다섯 가지예요. 물론 스님들은 이보다 좀 더 엄격한 계율을 따르게 되지요.

또 불교에서는 진리를 깨달아 열반에 이르는 여덟 가지 길을 팔정도(八正道 : 여덟 가지의 바른 길)라고 하여 다음과 같이 가르치고 있어요.

정견(正見) – 바른 판단
정사유(正思惟) – 바른 의사
정어(正語) – 바른 말
정업(正業) – 바른 행위
정명(正命) – 바른 생활
정정진(正精進) – 바른 노력
정념(正念) – 바른 의식
정정(正定) – 바른 명상, 바른 정신 통일

붓다가 죽고 난 후 그의 제자들은 붓다의 가르침들을 기록했는데 이것을 '수트라'라고 해요.

## 불교의 승려는 어떤 사람들일까?

누구나 붓다의 가르침을 배우고 깨달음을 얻을 수 있지만 세상과 멀리 떨어져 살며 붓다의 가르침을 실천하며 붓다의 가르침을 사람들에게 알리는 데 힘쓰는 사람을 승려라고 해요.

승려들은 특별한 옷을 입고 자신이 먹을 음식을 얻으러 다니기도 하지요. 또 책상다리를 하고 앉아 명상을 하기도 해요. 이것을 참선이라고 하는데 승려들에게는 아주 중요한 수행이랍니다. 승려들은 참선을 통해 마음을 진정시키고 머릿속의 잘못된 생각들을 비우려고 노력해요. 또 승려들은 '하안거'라고 불리는 여름 수행을 하기도 해요. 여름 석 달 동안 한 곳에 머물며 먹지 않고 불도를 닦는 수행이지요. 여름에 비가 많이 오는 인도에서 길이 홍수에 막혀 붓다가 길을 갈 수 없었던 데에서 시작되었어요. 또 '동안거'라고 하는 겨울 수행도 하지요.

승려들이 불상을 모셔 놓고 수행하는 곳을 절이라고 해요. 불상은 부처의 모습을 조각이나 그림으로 나타낸 거예요. 절에 가면 크고 작은 불상들을 볼 수 있지요. 불교 신자들과 승려들은 이 불상 앞에서 기도를 드리고 참선도 하지요. 그리고 불상 앞에 꽃이나 음식, 초, 향 등을 바치기도 해요. 이와 같이 부처 앞에 경배하는 의식을 '예불'이라고 불러요. 예불을 드릴 때에는 염불을 하기도 하는데 염불은 부처의 모습이나 공덕을 기리면서 부처의 이름을 외우는 것이랍니다.

# 조화로운 사회를 만들고자 한 위대한 스승, 공자
## 유교 이야기

옛날 중국 노나라에서 있었던 일이에요. 하루는 자공이라는 제자가 그의 스승 공자에게 물었어요.

"선생님, 자장과 자하 두 사람 중에 누가 더 어집니까?"

자장과 자하는 공자가 아끼는 제자들이었어요. 자장과 자하가 그 자리에 있었다면 기분이 나쁠 수도 있겠지만 자공은 아랑곳하지 않고 스승에게 물었어요. 자공의 질문에 공자는 이렇게 대답했어요.

"자장은 지나치고 자하는 모자란다."

사실 자장은 재주가 많고 일을 좋아해서 어려운 일에도 잘 나섰고 반대로 자하는 자기 자신을 잘 지켜 언제나 조심하는 편이라 어떤 일에도 좀처럼 나서질 않았어요. 공자의 대답에 다시 자공이 물었어요.

"그러면 자장이 더 나은가요?"

자공은 모자란 것보다는 지나친 것이 낫다고 생각했지요. 지식도, 용기도, 재물도 모자란 것보다는 지나친 것이 나을 거라고 생각했던 거예요. 그러나 공자는 이렇게 대답했어요.

"지나침과 모자람은 같은 것이다."

위의 이야기에 나오는 공자는 유교를 세운 사람이에요. 하지만 공자는 예언자도 구세주도 아니었지요. 그는 인(仁)과 효(孝) 즉, 자애로움과 부모를 공경하는 것을 가장 중요하게 생각했어요. 이 두 가지가 있어야 조화로운 사회를 이룰 수 있다고 생각했지요. 그리고 인을 실천하기 위해서는 예(禮)라는 형식을 따라야 한다고 했답니다. 공자는 이러한 자신의 생각을 널리 가르치고 알린 위대한 스승이라고 할 수 있지요.

공자의 사상들은 여러 가지로 표현되지만 가장 중요한 핵심은 바로 '조화'라고 할 수 있어요. 하늘과 땅의 조화, 나라와 백성의 조화, 그리고 사람들 사이의 조화가 무엇보다도 중요하다고 이야기하지요. 그리고 이러한 조화를 이루기 위해 현실 속에서 실천해야 할 것들을 이야기하지요.

따라서 유교는 다른 종교에 비해 현실 사회에서 지켜야 하는 덕목을 더 중요하게 생각해요. 하지만 종교적으로는 공자가 '천(天)'이라고 부르는 높은 힘이 인류를 이끈다고 믿었지요.

이와 같이 유교 사상의 본질은 땅과 하늘의 모든 것이 서로 연결되어 있다는 믿음이에요. 개인은 바르게 행동하고 우주와 조화를 이루며, 국가는 올바른 황제가 안정되고 강한 나라를 얻게 되는 것이지요.

유교에서 말하는 이상적인 국가에서는 백성을 자애롭고 현명하게 다스리는 황제가 매우 중요해요. 황제가 백성을 잘 다스리면 '천명' 즉, 하늘의 인정을 받고, 그 보상으로 좋은 날

씨와 풍작, 그리고 백성들의 마음을 얻지요. 하지만 황제가 천명을 잃으면 나라 안팎으로 큰 재앙이 일어난다고 생각했어요. 그래서 옛날에는 관리들이 조를 짜서 천명의 표시를 찾기 위해 돌아다니기도 했어요. 당연히 관리들은 날씨나 농작물의 상태, 백성들의 분위기를 두루 살펴야 했지요. 이를 통해 황제는 자신의 통치가 올바른 방향으로 나아가고 있는지 알 수 있었답니다.

또 공자는 사람들의 관계도 중요하게 생각하여 여러 가지 가르침을 남겼어요. 이와 같은 가르침들을 정리한 것이 바로 오륜(五倫)이에요.

부자유친(父子有親) : 부모와 자식 사이에는 친밀함이 있어야 한다.
군신유의(君臣有義) : 임금과 신하 사이에는 의가 있어야 한다.
부부유별(夫婦有別) : 부부 사이에는 구별이 있어서 서로의 영역을 넘어가지 않는다.
장유유서(長幼有序) : 노인과 젊은이 사이에는 순서가 있어야 한다.
붕우유신(朋友有信) : 친구는 서로 믿음이 있어야 한다.

오륜은 사람들의 관계를 다섯 가지로 나눠서 서로 지켜야 할 의무를 정한 것이에요.

종교적인 믿음보다 공자의 사상을 중요하게 생각한 유교는 배움과 학문을 중요하게 생각해요. 그래서 중국과 우리나라에서는 유교 경전에 대한 공부와 이해의 정도를 시험하는 과거 제도가 있었어요. 과거 시험을 통해 유교 경전을 연구하도록 권장하고, 또 그 사람의 교양과 지식을 시험하여 관리로 뽑았답니다.

## ★ 공자의 생애

공자는 기원전 551년 노나라의 취푸에서 태어났고, 본명은 '구'입니다. 공자의 조상은 송나라의 귀족이었지만 노나라로 망명했어요. 공자가 태어났을 때 그의 가문은 평민에 지나지 않았어요. 공자가 세 살 되던 해 아버지가 돌아가시자 공자는 어머님의 가르침을 받으며 자랐어요. 공자는 학문을 열심히 배웠지요. 나중에 그가 늙어서 회상하기를 '십오 세에 학문에 뜻을 두었다.'고 했답니다.

그리고 열아홉 살에 결혼을 하고 창고나 나라의 가축을 담당하는 낮은 계급의 관리로 일했어요. 공자에게는 스승이 없었지만 여러 사람의 훌륭한 점을 본받아 두루 학문을 익혔어요. 공자는 예의, 음악, 활쏘기, 말타기와 서예, 수학에 뛰어났고, 역사와 시를 잘 알고 있어서 이미 30대에 훌륭한 스승으로 이름을 날리기 시작했답니다.

공자는 모든 사람이 교육을 받아야 한다고 주장했고 교육을 직업으로 가진 첫 번째 교사였어요. 공자 이전의 시대에는 귀족은 가정교사에게 자식들을 교육시켰고, 기술은 선배가 후배에게, 윗사람이 아랫사람에게 가르쳐 주는 방식이었어요. 그러나 사회를 발전시키기 위해 배우고 가르치는 일을

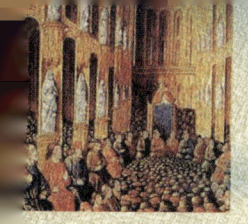

직업으로 가진 사람은 공자가 처음이었어요.

공자는 40대 말에 장관이 되었고, 곧 노나라의 재판관이자 가장 높은 관직인 대사구가 되었어요. 그는 공직에 있으면서 열심히 일했지만 자신을 지지하지 않는 사람들 사이에서 자신의 생각대로 정치를 할 수 없다는 것을 깨달았어요. 결국 공자는 쉰다섯 살에 힘 대신 도덕적으로 백성을 다스려야 한다는 자신의 바람을 펼치기 위해 길을 떠났어요. 하지만 13년 동안이나 여러 나라를 돌아다니며 자기의 도덕 정치를 받아들일 임금을 찾았으나 끝내 만날 수 없었답니다. 당시의 왕들은 공자의 주장을 현실과 동떨어진 이상으로만 생각했기 때문이에요. 왕들은 영토를 확장하고 권력을 유지하는 것에만 관심을 가졌어요.

결국 공자는 다시 노나라로 돌아와 제자들을 가르치며 책을 쓰는 일에 힘썼어요. 기원전 479년 공자는 3,000여 명에 이르는 수많은 제자들을 남긴 채 일흔세 살의 나이로 생을 마쳤답니다.

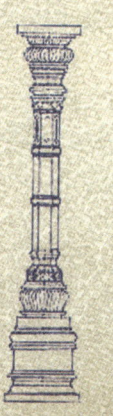

## 유교의 가장 근본이 되는 책 《논어》

《논어》는 유교의 가장 근본이 되는 문헌이에요. 공자가 제자들과 나눈 질문과 대답, 공자의 말씀과 행동과 업적이 고스란히 적혀 있지요. 그래서 공자의 가르침을 가장 확실하게 전하고 있는 옛 문헌이라고 할 수 있어요. 하지만 논어는 공자가 쓴 책은 아니에요. 공자의 제자나 그 이후의 사람들이 엮은 것이지요.

《논어》라는 책 제목은 공자의 말을 모아 간추려서 일정한 순서로 편집한 것이라는 뜻이에요. 논어는 '학이편'에서 '요왈편'까지 20편으로 이루어져 있어요. 첫 부분인 학이편은 사람이 평생 배우고 익혀야 할 학문과 덕행에 관한 이야기들이고, 요왈편은 옛 성인들이 갖고 있는 정치에 대한 이상을 담고 있어요.

《논어》의 글들은 짧지만 깊은 의미를 담고 있어요. 또 논어는 중국 최초의 어록으로도 유명하답니다. 어록이란 스승이나 위인들이 남긴 말들을 다른 사람들이 간추려 모은 것을 말해요. 공자의 사상을 담은 논어는 우리나라에서도 삼국 시대부터 반드시 읽어야 할 책으로 여겨져 큰 영향을 주었어요.

## 유교의 경전인 사서오경에는 어떤 내용들이 담겨 있을까?

사서오경은 유교에서의 가장 기본적이고도 중요한 경전들을 함께 묶어 부르는 말이에요. 우선 공자가 편찬했다고 전해지는 오경은 《시경》, 《서경》, 《역경》, 《예기》, 《춘추》의 다섯 가지예요. 시경은 시를 담고 있는 시집이고, 《서경》은 중국 고대의 기록이 담긴 책이에요. 《역경》에는 운명과 미래를 예언하는 점을 치는 방법이 체계적으로 설명되어 있어요. 점은 개인이나 국가가 하늘의 뜻을 읽는 중요한 방법이었지요. 또 《예기》는 여러 가지 의례의 이론과 의례를 실천하는 방법을 적어 놓은 책이고, 《춘추》는 춘추시대의 역사서예요.

또 오경과 더불어 《논어》, 《대학》, 《맹자》, 《중용》 등의 사서도 중요한 책이랍니다. 《대학》과 《중용》은 각각 《예기》 속에 들어 있는 여러 편 중의 한 편이었지만 주자가 그것을 빼내어 《논어》, 《맹자》와 함께 사서라 부르기 시작했어요. 《논어》는 위에서 이야기한 대로 공자의 가르침을, 그리고 《맹자》는 맹자가 직접 자신의 사상을 적어 놓은 책이랍니다.

이와 같이 사서오경에는 중국 사회의 기원에서부터 시, 철학, 점치는 법, 의례, 역사, 공자와 맹자의 가르침까지 많은 내용들이 담겨 있어 유교 문학의 중심을 이루지요. 사람들은 유교 경전들을 열심히 읽고 이해함으로써 유교 사상을 따르고 그에 맞게 행동할 수 있었어요.

# 집착에서 벗어난 자유로움, 장자

## 도교 이야기

"허허, 알 수가 없구나 알 수가 없어."

한 사내가 앉아서 혼자 고개를 저으며 말했어요. 그 사내는 마침 달게 잠을 자고 일어났지요. 자면서 그는 정말로 즐거운 꿈을 꾸었어요. 자기가 나비가 되어 아름다운 꽃밭 위를 자유롭게 훨훨 날아다니는 꿈이었지요. 하지만 사내는 꿈속에서 자기가 분명히 나비라고 생각했고, 그것이 꿈일 것이라고는 조금도 의심하지 못했어요.

"분명 조금 전까지 나는 나비였는데, 깨고 보니 사람이구나."

그는 자기가 사람으로 변한 꿈을 꾸고 있는 나비인지, 나비로 변한 꿈을 꾼 사람인지 도무지 알 수가 없었어요.

"분명히 나비와 나는 다른데 그 구별이 애매한 것은 무슨 까닭일까?"

사내는 금방 잠에서 깬 사람답지 않게 골똘히 생각에 잠겼어요.

이 이야기의 주인공은 장자로 그와 같은 이름의 책인 ≪장자≫에 나오는 이야기예요. 나와 사물의 구별이 없는 일체의 경지에서 보면, 장자도 나비도, 꿈도 현실도 구별이 없다는 것을 말해 주는 이야기지요. 다만 만물의 변화만을 알 수 있을 뿐이에요. 또 이 이야기는 오늘날에는 인생의 덧없음을 이야기할 때 쓰이기도 해요. 이처럼 알쏭달쏭하고도 독특한 생각을 했던 장자는 노자와 더불어 도교의 근본이 되는 사상을 발전시킨 중국의 중요한 사상가예요.

도교에서 '도'는 길을 뜻하는 말이에요. 도교를 믿는 사람들은 어떤 일이든지 극단적인 것을 피하고 한쪽으로 치우치지 않고 균형을 이루는 중용의 삶을 살아가지요. 도교에서는 사람이 행복하고 자유로워지려면 굳이 이루려고 애쓰거나 사물을 바꾸려고 노력하지 않고 자연스럽게 살아가야 한다고 가르치지요.

'도'에는 두 가지 갈래가 있어요. 그 첫 번째는 도가(道家)예요. 도가는

'도(道)'와 '덕(德)'을 중요하게 생각한 노자와 장자의 사상을 기본으로 한 철학을 말해요. 이러한 사상을 처음으로 이야기한 사람은 노자예요. 하지만 노자의 삶에 대해서는 알려진 것이 많지 않아요. 시인이며 현명한 학자였던 것으로만 알려져 있지요. 다만 그가 남긴 ≪도덕경≫이라는 책을 통해 그의 사상을 알 수 있지요.

장자의 사상 또한 이러한 노자의 사상을 바탕으로 하고 있지만 그 주제

의 범위를 좀 더 넓혔어요. 또 장자의 책인 《장자》는 《도덕경》보다 좀 더 분명하고 이해하기가 쉽답니다. 장자는 말로 설명하거나 배울 수 있는 도는 진정한 도가 아니라고 이야기했어요. 도는 시작도 끝도 없고 한계나 경계도 없으며, 인생은 도의 영원한 변형에 따라 흘러가는 것이라고 가르쳤지요.

따라서 도 안에서는 좋은 것, 나쁜 것, 선한 것, 악한 것이 없어요. 사물은 저절로 흘러가도록 내버려두어야 하며 사람들은 이 상태가 저 상태보다 낫다는 판단을 해서는 안 돼요. 참으로 덕이 있는 사람은 환경, 자신이 원하고 좋아하는 것, 관습, 세상을 더 좋게 만들려는 욕망 등의 집착에서 벗어나 자유로워져야 한다는 것이 장자의 가르침이었지요.

'도'의 두 번째 갈래는 도교(道敎)예요. 도교 또한 노자와 장자의 사상을 기본 바탕으로 하고 있지만 철학이 아니라 종교의 의미에서 다가가는 것이지요. 종교로서 도교를 확립한 사람은 중국의 장도릉이라는 사람이에요. 그는 노자의 사상을 기본으로 도교를 확립했어요. 그리고 노자를 '태상노군'이라 하여 도교를 처음 만든 사람으로 받들었지요.

도교에서는 수련을 통해서 누구나 집착에서 벗어날 수 있으며, 정신의 자유를 누릴 수 있다고 해요. 그리고 마지막으로는 불로장생(죽지 않는 불사의 경지)에 이를 수 있다고 하지요. 이와 같이 도교는 불로장생을 중요한 목적으로 삼고 이 세상에서 안락한 삶을 누리는 것을 바라지요. 그러기 위해서는 '무위' 즉, '아무것도 하지 않는 것'을 해야 한다고 가르쳐요. 어렵고 이상한 말처럼 들리지요? 하지만 그 뜻은 자연과 인간, 온 우주 안의 기(氣)를 거스르지 않고 거기에 맞추어 조화롭게 이용하는 것이 장수와 행복한 삶의 비결이라는 뜻이에요.

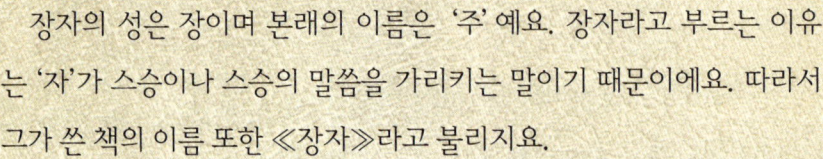

## ★ 장자의 생애

　장자의 성은 장이며 본래의 이름은 '주' 예요. 장자라고 부르는 이유는 '자'가 스승이나 스승의 말씀을 가리키는 말이기 때문이에요. 따라서 그가 쓴 책의 이름 또한 ≪장자≫라고 불리지요.

　장자는 송나라에서 태어났으며 대략 기원전 370년경에 태어나 300~280년 사이에 죽었다고 해요. 장자는 몽읍이라는 곳에서 태어났어요. 이곳은 지금 중국의 허난성 귀덕부 상추현 부근이에요. 그는 그곳에서 자라 옻나무 밭을 관리하는 하급 관리를 하며 지냈어요. 하천 관리인에게 식량을 얻으러 가기도 했다는 기록으로 보아 가난한 집안이었다는 걸 알 수 있지요.

　그가 살았던 시대는 전국 시대 중기로, 여러 나라가 서로 권력을 차지하려고 다투던 시대였어요. 그래서 백성들은 늘 불안한 생활을 해야 했어요. 장자는 이런 상황 속에서 가난한 일반 백성들이 희망을 잃어가는 모습을 많이 보았어요. 그러한 경험은 장자의 사상에 많은 영향을 끼쳤답니다.

　장자가 어떻게 살았는지는 잘 알려져 있지 않아요. 욕심을 부리지 않고 조용히 살고

자 한 그의 생각과 태도 때문일 거예요. 하지만 학자로서, 사상가로서 그의 명성은 널리 알려졌어요.

≪사기≫에 보면 초나라의 위왕이 장자의 명성을 듣고 재상의 자리를 제안했어요. 위왕의 심부름꾼은 많은 재물도 함께 가지고 왔지요. 하지만 장자는 이렇게 말하며 거절했어요.

"과연 금이란 돈은 대단한 것이며, 재상이란 벼슬은 가장 높은 자리일 수 있소. 그러나 제사에 바쳐지는 소를 보시오. 여러 해 동안 맛있는 먹이를 먹고 비단으로 몸을 가리고 있지만, 결국에 가서는 제단으로 끌려가 죽지요. 그때 가서 그냥 들판에서 살걸, 하고 후회해도 이미 때는 늦지 않겠소? 모처럼 편히 살고 있는 사람을 방해하지 말아 주시오. 나는 자유를 속박당하느니 차라리 시궁창에서 놀고 싶소. 관직 따위는 질색이니 내 멋대로 살게 내버려 두시오."

그는 평생 조용하고 편안하게 살며 벼슬길에 오르지 않았어요. 한가한 시간을 이용하여 독서를 하거나 자연 속을 돌아다니며 많은 생각들을 했지요. 그리고 그 생각들을 10여 만 자에 이르는 책으로 남겼어요.

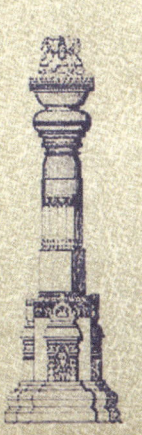
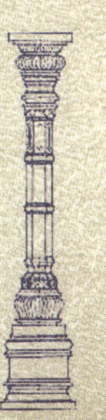

## 도교의 바탕이 된 《도덕경》과 《장자》

오늘날 도교의 경전은 명나라 시대에 편찬한 《정통도장》 5,305권과 《만력속도장》 180권 등으로 이루어져 있어요. 도교의 경전은 이와 같이 방대하지만 그 기본 교리는 《도덕경》과 《장자》에 근거를 두고 있지요. 따라서 사람들은 도교의 경전을 《도덕경》과 《장자》로 꼽아요.

도교의 경전에서는 음양의 힘을 조화시킴으로써 모든 것을 있는 그대로 받아들일 수 있는 상태에 이를 수 있다고 하고 있어요.

또한 도를 따르면 장수와 불멸을 얻게 된다고 말하지요. 도교에서 불멸은 두 가지로 생각해 볼 수 있어요. 하나는 신선과 같이 영원히 사는 것이고, 다른 하나는 현실 속에서 근심이나 걱정을 벗어나 시간을 초월한 정신적 자유를 누리는 것을 말해요. 노자와 장자의 사상이 두 번째 경우에 더 중점을 두고 있다면 도교에서는 영원히 사는 것도 중요하게 생각하지요.

이러한 내용은 장자가 정이라는 사람에 대해 이야기한 것에도 잘 나타나 있어요. 정은 고기를 자르는 기술이 아주 좋은 사람이었어요. 어느 날 잔치에 쓸 소를 잡는데 그 솜씨가 아주 훌륭했지요. 황제가 감탄하여 그런 솜씨를 어디서 배웠느냐고 물었어요. 그러자 정은 일을 하는 정확한 방법에 정신을 집중함으로써 근육과 살 사이의 빈 공간을 찾아낸다고 말했어요. 즉 그는 고기를 자르는 일을 한 것이 아니라, 고기를 자르는 사람으로 존재했다는 것이지요.

이처럼 도교에서는 단순한 지식이나 능력에 기대지 않고, 사람들을 이끄는 보다 높은 힘이나 의식을 중요하게 여기도록 가르치고 있어요.

## 음양의 조화와 균형

도교 신자들은 우주 전체에 에너지, 즉 기가 흐르고 있다고 믿어요. 이러한 기는 하늘과 땅, 산과 강은 물론 인간의 몸 안에도 흐르고 있지요. 따라서 이것이 흐트러지거나 막히지 않도록 음양의 균형을 맞추고 조화를 이루는 것이 무엇보다 중요하다고 생각했어요.

음양의 조화를 이루기 위해 명상을 하기도 하고, 주문을 외우거나 육체적 수련을 하기도 하지요. 음양의 힘이 조화를 이루지 못하면 사물들이 잘못되는데 사람이 아픈 것 또한 불균형에서 나오는 것이라고 해요. 사람의 몸에도 기가 흐르는 길이 있는데 그중 중요한 요소들에 침을 놓아 병을 고치기도 하지요. 침 치료법은 기가 자연스럽게 흐르도록 하여 병을 치료하는 거예요.

가난한 사람들의 성녀,
테레사

# 가톨릭교 이야기

　한 수녀가 미국을 방문했을 때의 일이에요. 그녀는 하나님의 말씀과 사랑을 사람들에게 전해 주고 나오는 길이었지요. 그런데 어떤 여성이 다가와 그녀를 붙들고 이렇게 말했어요.

　"수녀님, 저는 지금 너무 힘들고 도저히 살아갈 힘이 없습니다. 저는 자살할 결심을 했어요."

　그러자 수녀는 이렇게 대답했어요.

"그렇다면 그 전에 한 가지 부탁드리고 싶은 것이 있습니다. 저와 함께 캘커타(현재의 콜레타)로 가서 한 달만 일해 주시지 않겠어요? 자살은 그 이후에 해도 늦지 않아요."

그 여성은 수녀의 요청을 받아들여 함께 캘커타로 갔어요. 그리고 그곳에서 굶주림과 질병으로 고통 속에서 죽어가는 수많은 사람들을 만났지요. 그 여성은 수녀를 도와 그들을 간호하고 치료하기 시작했어요. 한 달이 될 무렵, 그녀는 더 이상 죽고 싶다는 생각을 하지 않게 되었답니다.

"내게도 살 만한 보람이 있구나."

그 후로 그 여성은 자살을 하겠다는 마음을 버리고 자신을 데리고 온 수녀와 같이 다른 사람을 위해 헌신하는 삶을 살아가기 시작했어요.

이 여성을 자살로부터 구한 수녀가 바로 테레사 수녀예요. 일생을 가난하고 힘든 이들을 위해 헌신하며 사랑을 펼친 사람이지요. 테레사 수녀가 죽은 후 교황청에서는 테레사 수녀에게 '복자'라는 칭호를 내렸어요. 복자는 성인이 되기 위한 전 단계라고 할 수 있어요. 죽은 사람이 목숨을 바쳐 신앙을 지켰거나 또는 훌륭한 덕을 베풀어 사람들의 존경을 받을 만하다고 교황청에서 공식적으로 인정해 주는 것이지요.

가톨릭교의 성인들은 사는 동안 아주 훌륭한 태도와 행동으로 존경을 받은 사람들이에요. 예수의 어머니인 마리아 또한 '성모 마리아'라고 불러요.

테레사 수녀가 이렇게 일생을 다른 사람을 위해 헌신할 수 있었던 것은 종교의 힘이 컸어요. 그녀는 가톨릭교의 수도자로서 종교의 가르침, 즉 하나님과 이웃에 대한 사랑을 진심으로 실천했던 것이지요. 그러면 테레사 수녀가 속해 있던 가톨릭교는 어떤 종교이며 어떤 가르침과 신앙을 가지고 있을까요?

우리는 앞에서 그리스도교에 대해서 알아보았어요. 가톨릭교는 그리스도교와 같은 종교예요. 그럼 왜 다르게 부를까요? 그리스도교가 만들어진 이후 시간이

흐르면서 그리스도교는 세 파로 나뉘어졌어요. 로마 가톨릭, 정교회, 개신교로 나뉘어졌지요. 따라서 이 셋 모두가 그리스도교 안에 포함된다고 할 수 있어요.

로마 가톨릭은 전 세계에서 신도 수가 가장 많아요. 가톨릭교를 이끄는 가장 높은 사람은 교황이랍니다. 정교회는 1,000년 전 즈음에 가톨릭에서 떨어져 나왔어요. 정교회를 믿는 사람들은 러시아와 그리스에 많이 있지요. 정교회를 이끄는 가장 높은 사람은 총주교예요. 마지막으로 개신교는 약 500여 년 전에 종교 개혁을 통해 생겨났어요. 개신교에는 교황이나 총주교 같은 사람이 따로 없어요.

가톨릭교와 정교회에서는 성인들에게 기도를 하면서 신을 대신하여 자신의 바람을 이루어 달라고 하기도 해요. 하지만 개신교는 성모 마리아나 성인에게 기도를 하지 않아요. 하나님과 예수님에게 직접 기도를 올리지요.

이 세 교파는 예배당의 모습이나 성직자의 명칭과 역할, 예배의 형식이 조금씩 다르기는 하지만 하나님을 믿고, 예수를 구세주로 믿는 기본적인 교리와 신앙은 똑같아요. 정교회는 우리나라에서 흔히 보기는 어렵지만 가톨릭교와 개신교는 많이 볼 수 있어요.

가톨릭교 신자는 일요일마다 성당에 모여 미사를 올려요. 가톨릭교에서 사제나 신부는 신을 섬기는 사람들이에요. 로마 가톨릭과 정교회에서는 남자들만이 사제가 될 수 있어요. 지원자들은 오랜 시간 교회의 역사와 전통을 익히고 성서와 신학을 공부하지요. 또 성직자로서 필요한 것들을 수련 받은 후에야 사제가 될 수 있어요. 이들은 가톨릭교 예배 의식인 미사를 이끌고, 결혼을 하지 않아요.

가톨릭교인들은 기도를 올릴 때 십자가 성호를 그어요. 성호는 오른손으로 이마, 가슴, 왼쪽 어깨, 오른쪽 어깨를 만지는 거예요. 성호를 그을 때에는 '성부, 성자, 성령의 이름으로'라고 말한답니다.

## ★ 테레사 수녀의 생애

　테레사 수녀는 1910년 8월 27일 유고슬라비아의 스코프예에서 태어났어요. 본래의 이름은 아녜스 곤히아 보약스히야예요. 테레사는 열여덟 살에 로레토 성모 수녀회에 입회하여, 인도에 파견되었지요. 20년 동안 캘커타(2001년 콜카타로 지명이 바뀌었어요.) 성모 여자 고등학교에서 지리를 가르쳤어요. 하지만 1948년, 테레사 수녀는 학교를 떠나 빈민촌의 거리에서 지내기 시작했어요. 그 이유에 대해 테레사 수녀는 이렇게 말했어요.

　"부유한 사람들의 아이들을 가르치기보다 가난한 사람, 외롭게 죽어 가는 사람을 돌보는 것이 나의 소명이라고 생각합니다."

　그 다음해인 1949년 테레사 수녀는 혼자가 아니라 열두 명의 사람들과 함께 일하게 되었고, 이 모임은 뒤에 '사랑의 선교회'가 되었어요. 이 때부터 '마더 테레사'라고 불리기 시작했지요. 사랑의 선교회는 전 세계에서 죽어 가는 사람들을 위한 임종의 집, 빈민 학교, 병원, 진료소, 나환자 수용소 등을 운영했어요.

　테레사 수녀는 1963년 '사랑의 선교 수사회'를 설립했고, 1971년에는 요한 23세 평

화상을, 1979년에는 노벨 평화상을 수상했어요. 또 1995년 10월에는 워싱턴에 아동을 위한 '테레사의 집'을 세워 부모가 없는 아이들을 돌보았지요. 테레사 수녀는 '가난한 사람의 성녀'로 존경받아 왔어요. 이렇게 일생 동안 봉사하고 희생하며 삶을 살아온 테레사 수녀는 1997년 9월 5일 세상을 떠났어요. 그리고 세상을 떠난 지 6년 후인 2003년에 교황청은 테레사 수녀에게 '복자'라는 칭호를 내려 그녀를 영원히 기억하게 했답니다.

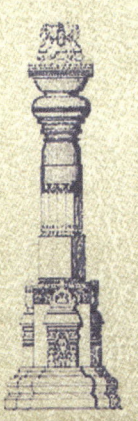
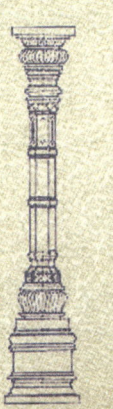

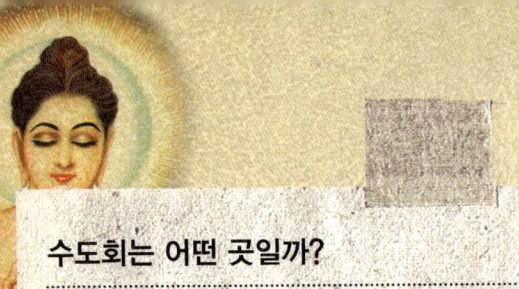

## 수도회는 어떤 곳일까?

일반 신도들과 달리 수도 생활을 비롯한 종교적인 삶에 헌신하는 사람들이 있어요. 이러한 사람들을 가톨릭교에서는 수도자라고 하지요.

수도자들은 수도회에 입회하여 청빈, 순결, 순종의 세 가지 서약을 지키며 엄격하고 금욕적인 삶을 살아가게 돼요. 이렇게 수도회에서 수도 생활을 하는 남자를 수사, 여자를 수녀라고 불러요.

수도회 중 잘 알려진 것으로는 도미니코회, 프란체스코회, 베네딕도회, 가르멜회, 시토회, 트라피스트회 등이 있지요. 각 수도회들은 저마다 다른 소명과 특성을 가지고 있어요. 예를 들어 가르멜회나 시토회, 트라피스트회는 다른 사람이나 사회와의 연결을 끊고 끊임없이 기도와 수련을 하는 수도회예요. 이와 달리 세상 안으로 들어가서 도움을 필요로 하는 사람들과 함께 일하고 봉사하며 살아가는 활동적인 수도회들도 많이 있어요.

테레사 수녀가 처음으로 들어갔던 수녀회도 이와 같이 활동적인 수녀회였어요. 또 그녀가 세운 '사랑의 선교 수사회' 또한 마찬가지라고 할 수 있지요. 테레사 수녀는 종교적인 삶에 헌신하는 수도자로서 많은 활동을 했고 그 모습은 종교를 떠나 많은 사람들에게 사랑과 감동을 느끼게 해 주었답니다.

## 가톨릭교의 성인들

　가톨릭교에는 많은 성인들이 있어요. 그중에서도 많은 사랑과 존경을 받는 사람은 아마도 성 프란체스코일 거예요. 그는 1181년 이탈리아의 부유한 가문에서 태어났어요. 그는 원래 방탕한 생활을 하고 성격도 거친 사람이었어요. 그러던 어느 날 심한 병을 앓게 되면서 자신의 지난 삶이 잘못되었다는 것을 깨닫게 되었어요.

　그는 비로소 하나님이 자신에게 봉사하는 삶을 살라는 임무를 주신 것을 깨닫게 되었어요. 그 후 성 프란체스코는 재산을 모두 포기하고 가난한 삶을 살았어요. 당시의 교회는 권력이 아주 컸어요. 교황은 하나님의 대리자라고 생각했고, 예수 그리스도는 인류를 심판하는 왕이라고 생각했지요. 하지만 성 프란체스코는 가난하고 겸손하며 벌거벗은 채로 십자가에 못 박혔던 모습의 그리스도를 섬겼어요. 그리고 교회와 신자들에게 예수의 가르침을 있는 그대로 따르도록 설득했지요.

　그는 재물에 대한 욕심을 버리고 겸손한 마음으로 병들고 가난한 사람들을 돌보았어요. 그러는 동안 그의 몸에도 그리스도의 몸에 있던 다섯 개의 상처가 나타나고, 모든 생명체와 대화를 나누는 등 수많은 기적을 일으켰지요. 그는 1226년 세상을 떠났어요. 이탈리아의 성 프란체스코 성당은 이름 그대로 그를 기리기 위해 세워졌고, 그의 가르침은 수도회인 프란체스코회를 통해 지금도 이어져 내려오고 있답니다.

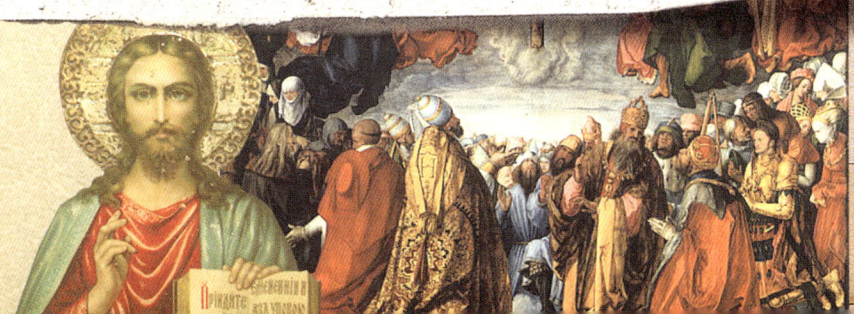

# 사람이 곧 하늘이라, 최제우
## 천도교 이야기

　조선 시대에 서자로 태어난 한 소년이 있었어요. 서자란 본부인이 아닌 다른 부인에게서 난 자식을 말해요. 조선 시대에 서자는 양반의 자손이더라도 과거 시험에서 차별을 받았어요. 문과 시험을 볼 수 없었고 무과와 잡과에만 응시할 수 있었죠. 하지만 소년은 부모를 원망하지 않았어요. 늘 열심히 공부하고 고생하시는 어머니께 효도하며 자랐어요. 그 소년의 이름은 바로 복술이었어요.

소년은 씩씩하고 착한 성품답게 눈이 크고 부리부리하여 마치 불타오르는 듯했어요. 하지만 동네 친구들은 그런 복술이를 늘 놀려대곤 했어요.

"복술이 눈 좀 봐."

"복술이 눈은 역적놈 눈!"

역적이란 임금이나 나라를 배반한 아주 무서운 죄인이란 뜻이에요. 하지만 복술이는 그런 놀림에 신경쓰지 않았어요.

"오냐, 난 역적이 될 테니 너희들이나 착한 백성이 되어라." 하고 대답했지요. 하지만 복술의 마음속에는 큰 꿈이 있었어요.

'난 우리 선조들처럼 훌륭한 사람이 될 거야. 착한 백성들을 위해 큰일을 하는 사람이 되어야지.'

커다랗고 부리부리한 소년의 두 눈은 더욱더 활활 타올랐어요.


이 소년은 자신의 꿈대로 자라서 정말로 가난한 백성들을 위해 일하게 되었어요. 이 소년이 바로 천도교를 창시한 최제우예요. 최제우의 어렸을 적 이름이 바로 복술이었지요.

최제우가 태어난 때는 조선 시대 말기로 나라가 어지러울 때였어요. 욕심 많은 관리들은 백성들을 괴롭혔지요. 헐벗고 굶주리는 백성들을 보며 자란 최제우는 '백성들을 구할 수 있는 방법이 없을까?' 하고 늘 고민했어요.

하지만 조선 사회에 깊이 뿌리박힌 유교는 이미 썩을 대로 썩어 있었어요. 최제우는 백성들에게 도움이 될 만한 사상을 찾기 위해 노력했어요. 유교, 불교, 도교, 천주교 등 여러 종교들도 공부하고 열심히 도를 닦았지요.

그러던 어느 날 최제우에게 한울님의 목소리가 들려왔어요. 천도교에서는 하느님을 다른 말로 한울님이라고 불러요.

최제우는 한울님과의 대화를 통해 끝을 헤아릴 수 없는 큰 도, '무극대도'를 깨닫게 되었어요. 그 첫 번째는, 우선 사람들이 우주 그 자체인 한울

님을 받들어야 한다는 것이었어요. 이것은 그리스도교, 유대교, 이슬람교 등에서 세상을 만드신 유일한 신을 모신다는 의미와도 비슷해요.

이 우주 안의 만물은 모두가 한울님의 화신이며, 조화로운 원리를 그 안에 각기 가지고 있다고 해요. 그러므로 사람 또한 곧 그 자체가 하늘의 뜻을 담은 귀중한 존재라고 할 수 있지요. 이것을 '인내천' 사상이라고 해요. 사람이 곧 하늘이라는 뜻이에요.

사람이 곧 하늘이니 한울님을 모시는 것처럼 사람은 서로 공경하고 존중해야 하지요. 천도교의 사상에 따르면 사람은 물론 길가의 돌 하나, 나무 한 그루도 함부로 해서는 안 돼요. 모든 만물을 공경하고 존중하며 조화롭게 살아가는 것, 이것이 바로 '무극대도'예요. 따라서 천도교인들은 한울님을 모시고, 자기 안에 들어 있는 한울님을 발견하고 깨우치기 위해 늘 노력한답니다.

이와 같은 깨달음을 얻은 최제우는 '동학(천도교의 옛 이름)'을 창시하고 사람들에게 널리 알리기 시작했어요. 그리고 '교훈가', '도수사' 등의 글을 짓고, ≪동학론≫이란 책을 쓰기도 했어요. 이 모든 글에 동학의 사상이 담겨 있지요. 그 후 최제우의 제자들과 신도들은 그의 가르침을 모아서 ≪용담유사≫와 ≪동경대전≫ 등을 펴냈어요.

최제우가 창시한 동학은 제2대 교주인 최시형, 제3대 교주인 손병희로 이어지며 널리 퍼져 나갔어요. 그리고 손병희는 '동학'이라는 이름을 '천도교'로 바꾸었어요. 천도교는 오늘날까지 이어져 오고 있으며 현재는 신도 수가 100만여 명 정도에 이르지요.

    사람이 하늘이라는 동학 정신은 단순한 종교를 넘어서 동학 농민 혁명과 독립운동에도 큰 영향을 주었어요.

## ★ 최제우의 생애

최제우는 1824년 경상북도 경주에서 몰락한 양반인 최옥의 아들로 태어났어요. 전통적인 유교 집안이었지만 정실부인의 자식이 아닌 서자로 태어났지요. 호는 '수운'으로 어린 시절의 이름은 복술이었고, 어른이 되어서는 제우라고 바꾸었어요.

최제우의 아버지는 여섯 살 때 돌아가시고, 열여섯 살에는 어머니마저 돌아가셨어요. 부모를 일찍 여읜 최제우는 한학을 공부한 다음 1844년부터 10년 동안 도를 닦기 위해 이곳저곳을 떠돌아다녔어요. 그때 최제우는 부패하고 병든 나라와 그 때문에 고통받는 백성들의 모습을 직접 보게 되었지요.

최제우는 어지럽고 병든 나라를 바로잡겠다고 결심을 했어요. 그래서 울산 골짜기에 암자를 짓고 도를 닦기 시작했어요. 그리고 천성산 내원암과 적멸굴 등에서 49일 동안 기도를 올리며 나라와 백성을 구하는 도를 얻기 위해 노력했어요.

그리고 1860년 마침내 큰 깨달음을 얻은 최제우는 동학, 즉 천도교를 창시하게 되었어요. 동학은 농민과 천민, 유생들에게 많은 호응을 얻어 전국으로 퍼져 나갔어요. 최제우는 신도들을 관리

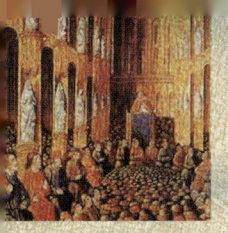

하기 위해 각 지역에 접소를 설치하고 접주를 두었어요. 3년 후인 1863년에는 교인이 3천여 명으로 늘고 접소는 14곳에 이르렀지요.

그 해 7월에 최제우는 제자 최시형에게 '해월'이라는 이름을 주고 자신의 뒤를 이어 천도교를 이끌 제2대 교주로 삼았어요.

한편, 조정에서는 동학의 신도가 갈수록 늘어나고 세력이 커지는 것이 두려웠어요. 그래서 각 접소를 돌아본 후 경주 용담정에 머무르던 최제우를 제자 20여 명과 함께 잡아들였지요.

결국 1864년 3월 최제우는 올바르지 않은 종교를 만들어 민심을 어지럽혔다는 죄목으로 대구에서 처형되었어요. 하지만 동학교도들과 일반 백성들은 최제우의 무죄를 호소했어요. 결국 1907년에 죄가 없음이 밝혀져 죽은 이후에야 죄인의 신분에서 벗어나게 되었답니다.

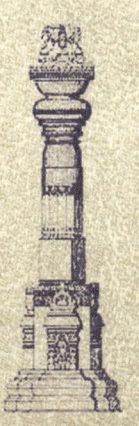
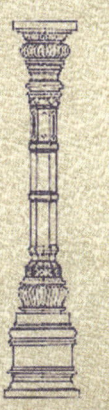

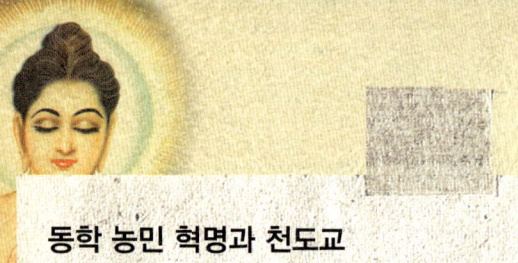

## 동학 농민 혁명과 천도교

조선 말기에 정부는 제대로 통치를 하지 못하고, 관리들은 썩을 대로 썩어 사회는 너무나 혼란했어요. 관리들의 횡포와 굶주림, 게다가 전염병까지 돌아 백성들의 고통은 말할 수 없을 지경이었어요.

게다가 외국의 배들이 자주 드나들며 문제를 일으켜 서양에 대해서도 긴장을 늦출 수가 없었어요. 그러던 중 1860년 서양이 청나라의 북경을 함락시켰다는 소식에 사람들은 더욱더 긴장하게 되었지요.

백성들은 믿고 의지할 곳이 없었어요. 이런 시기에 최제우가 백성을 편안하게 해 줄 동학을 창시하였지요. 동학에서는 모든 사람 안에 하늘의 뜻이 담겨 있으므로 서로 공경하고 존중해야 한다고 했어요. 이것은 모든 인간이 평등하다는 이야기와 같은 뜻이지요. '양반'과 '상놈'으로 신분이 나뉘어져 차별 받고 고통 받던 사람들에게 동학의 사상은 아주 반가운 것이었어요. 또 동학을 열심히 믿고 수련하면 새로운 세상이 열린다는 이야기도 사회가 바뀌기를 바라던 백성들에게 희망을 주었지요.

이러한 이유로 동학은 빠르게 퍼져 나갔어요. 하지만 이런 상황을 두려워한 조선 정부와 양반 지배층은 동학을 박해하고 최제우를 처형했어요. 이것에 항의해서 동학의 지도자들과 신자들은 시위를 벌였어요. 동학을 탄압하지 말 것과 최제우의 처형에 대해 억울함을 호소했지요.

　이러한 운동은 단순히 종교의 차원에서만 머무르지 않았어요. 당시 농민들은 지배층의 괴롭힘과 가난에 견디다 못해 여기저기서 시위를 일으켰어요. 그런데 이러한 움직임이 동학의 사상과 또 동학교도들의 조직적인 움직임과 합해져서 동학 농민 혁명을 일으키게 되었던 거예요.

　처음에는 종교의 의미에서 시작된 활동이 이후에 외국 세력의 침략을 반대하고 정부와 지배층의 부정에 항거하기에 이르렀어요. 동학군을 이끌었던 장군으로 유명했던 전봉준도 동학교도였어요. 전봉준은 동학의 정신을 현실 속에서 백성들을 위해 실현하고자 했던 것이지요. 이러한 동학 농민 혁명은 결국 청나라와 일본의 간섭으로 실패로 돌아갔어요.

　하지만 이러한 경험과 사상은 일제강점기 때 항일 운동에도 영향을 주었어요. 1919년 3·1운동도 천도교, 기독교, 불교계와 같은 종교계와 학생들이 일으킨 항일 운동이었지요. 이와 같이 동학 즉, 천도교의 사상은 우리 역사 속에서 종교 이상의 역할을 했답니다.

# 평범한 성자, 박중빈
# 원불교 이야기

일제강점기, 박중빈이라는 사람이 있었어요. 그는 어린 시절부터 우주와 자연, 사람들의 삶에 대해 늘 궁금한 점이 많았어요. 그래서 혼자 여러 종교에 대해 공부하기도 하고 생각에 잠기기도 하며 의문을 풀려고 노력했지요. 그러던 어느 날이었어요.

박중빈은 당시 천주교인들로부터 이런 이야기를 듣게 되었어요.

"사람들의 부유함과 가난함, 살고 죽는 것은 모두 하늘의 뜻에 달려 있어요."

　박중빈은 그것을 시험해 보려고 하늘에 대고 소리를 지르고 욕을 퍼부었어요. 하지만 하늘은 화를 내지도 벌을 주지도 않았고 아무런 일도 일어나지 않았어요.

　또 어느 날은 불교인들이 절을 올리며 섬기는 부처를 시험해 보고 싶어졌지요. 그래서 불상의 뺨을 힘껏 때려 보았지만 역시 아무 일도 일어나지 않았어요.

　"모두 허망한 일이구나. 텅 빈 하늘에 대고 죄가 어떻고 복이 어떻고 하는 것이나 말귀도 못 알아듣는 우상에 대고 절하는 것이나 모두 허망한 일이구나."

　박중빈은 실망했어요. 그리고 굳은 결심을 하게 되었어요.

　"나는 이런 허망한 종교가 아니라 사람들에게 실질적으로 도움이 되는 실속 있는 종교를 만들어야겠다."

　그리고 끊임없이 노력한 결과 온 우주와 삶을 꿰뚫는 큰 깨달음을 얻게 되었어요. 그 후 박중빈은 사람들을 모으고 가르치며 '원불교'라는 새로운 종교를 만들어 냈어요. 원불교는 천도교와 같이 우리나라에서 생겨난 새로운 민족 종교였어요.

　박중빈은 새로운 종교를 만든 이유를 이렇게 이야기했어요.

"나는 나 자신을 위해서 20년을 홀로 공부한 것이 아니오. 온 국민의 생명을 고통 속에서 건져야 하지 않겠습니까? 지은 죄로 고통 받는 생명을 건지고 병든 세상을 고치고 싶소."

이렇게 원불교를 창시한 박중빈은 '물질이 개벽되니 정신을 개벽하자'는 표어를 내걸고 생활 종교 운동에 나서게 되었어요.

그는 불교의 관습 중에서 신자들에게 식량을 거두어들이던 시주나 불공 등을 폐지했어요. 자신이 일을 하지 않고 신자들이 낸 돈과 식량으로 살아가는 것은 옳지 않다고 여겼던 것이지요. 대신에 각자가 정당한 직업에 종사하면서 종교 활동을 하도록 바꾸었어요.

그 토대를 위해 박중빈은 사회 개혁의 첫 사업으로 자기를 따르는 제자와 함께 저축 조합을 세웠어요. 그리고 불필요한 의식 폐지, 미신 타파, 금주 금연, 근검저축 운동을 펼쳤어요. 또 거기서 모은 자금으로 1918년 바다를 막아 땅을 일구는 간척 사업에 착수했지요. 1년 만에 간척 사업으로 2만 6,000평의 논을 새로 만들고, 그 후에도 여러 사업에 성공하며 교단의 경제를 튼튼하게 만들었어요. 또 가난한 농민들에게 땅을 나누어 줌으로써 잘살 수 있다는 희망을 갖게 했지요.

박중빈은 특별 기도회와 같은 종교적인 인격 수련을 함께 하기도 했어요. 수련을 통해 사람과 사회를 위해 봉사하고 헌신하는 무아봉공(無我奉公)의 정신을 심어 주어 '정신 개벽'에 힘쓰도록 했지요.

박중빈은 홀로 도를 닦는 종교가 아니라 사람들 속에서 함께 숨쉬는 종교를 원했어요. 그래서 그는 절이 산 속에 세워진 것과 달리 교당을 사람들이 드나들기 편리한 마을에 두고, 어려운 설법이 아니라 일상 생활의 예를 들어 친절한 설명으로 교리를 가르쳐 주었어요.

처음에 박중빈은 그의 교단을 '불법연구회'라는 이름으로 시작했어요. 불법연구회를 시작할 때는 스무 명 남짓한 회원에 불과했지만 16년이 지나자 어느덧 회원 수가 6,000명으로 늘어났어요. 또 전국의 교당 수도 21개에 이르렀지요. 불법연구회는 1947년에 원불교라는 정식 명칭으로 바뀌어 지금까지 이어져 오고 있어요.

사람들과 함께 생활하고 실천하며 살았던 박중빈을 사람들은 '평범한 성자'라고 부른답니다.

##  박중빈의 생애

　박중빈은 1891년 5월 5일, 전라남도 영광에서 가난한 농사꾼의 아들로 태어났어요. 그는 어려서부터 사물에 남다른 호기심을 가져 하늘, 구름, 바람 등에 관한 질문으로 부모와 주위 사람들을 당황하게 하곤 했어요. 일곱 살 때 잠시 한학을 공부했지만 그보다는 늘 우주와 인간에 대한 의문을 풀기 위해 여러 가지로 노력했어요. 열두 살 무렵부터는 산신을 만나기 위해 1년여 동안 산에 올라가 기도를 드리기도 하고 옛 소설에 나오는 도사를 만나기 위해 이곳저곳 찾아다니기도 했지요.

　그는 열다섯 살에 결혼을 했어요. 그 후 아버지가 돌아가시고 가장이 되었지만 그는 집안을 돌보지 않았어요. 집에는 먹을 것조차 없었지요. 그래도 그의 머릿속에는 늘 질문들이 떠나지 않았고 그 해답을 찾는 데만 신경을 썼어요. 하지만 아무리 노력해도 해답을 찾지 못하자 스물세 살 무렵부터는 실의에 빠져 방 안에 들어앉아 의식을 잊어버릴 상태에까지 이르렀어요. 온몸에는 종기가 나고 수염과 머리가 자라 이웃 사람들은 그를 폐인으로 여겼지요.

　박중빈이 스물여섯 살이던 1916년 4월 28일 드디어 세상에 대한 의문을 풀 수 있었

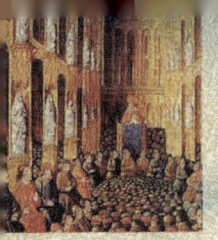

어요. 정신이 한없이 맑아지고 머릿속에는 우주 세상의 질서가 선명히 드러났다고 해요.

깨달음을 얻어 몰라보게 달라진 모습을 보고 사람들이 몰려들었어요. 박중빈은 이 사람들 중 9명을 뽑아 저축 조합을 만들었어요. 술과 담배를 끊게 하고 의복과 생활을 검소하게 하며, 함께 노동을 통해 자금을 마련하고 또 게으른 정신과 육체를 훈련시켰어요..

1924년, 박중빈은 실제 생활에 도움이 되는 새로운 종교를 만들고자 '불법연구회'라는 교단을 만들었어요. 그리고 그 총부를 전북 익산에 두었지요. 회원들은 불법연구회 총부에서 공동체 생활을 하며 낮에는 일하고 밤에는 불법을 공부하면서 박중빈과 더불어 종교 생활을 했어요.

평생을 종교 생활을 실천하며 살았던 박중빈은 1943년 6월 1일, 제자들에게 삶과 죽음의 진리에 관한 마지막 법문을 들려주고 쉰두 살의 나이로 죽음을 맞이했어요.

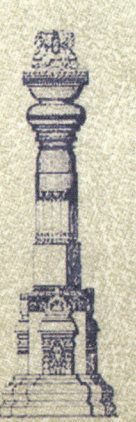
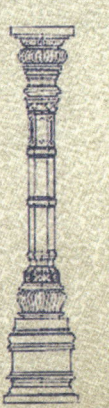

## 원불교 사람들이 그려 놓는 동그란 원은 무엇일까?

원불교 교당에는 '일원상'이라고 하는 둥근 원이 그려져 있어요. 일원상은 원불교를 상징하지요. 또 일원상은 우주와 인생의 진리를 상징해요. 이것은 기독교에서 십자가를 상징으로 삼거나 불교에서 불상을 모시는 것과 비슷한 의미예요.

박중빈이 20여 년의 수도 끝에 얻은 깨달음은 우주에 존재하는 유형과 무형의 모든 사물이 하나의 본성과 근원을 가지고 있다는 것이에요. 그는 이 진리를 일원상을 그려 표현했어요.

원불교에서는 이러한 일원상을 믿는 동시에 닮아가고 실천해야 할 모범으로 삼고 있기도 해요. 감사해야 할 네 가지 은혜와 평등세계를 만들기 위해 실천할 네 가지 덕목인 사은사와 진리를 깨우치기 위한 길을 바로 잡아 주는 삼학팔조를 믿고 실천하면 일원상의 진리와 하나가 되는 인격자가 될 수 있다고 해요.

그리고 인격자가 되어 4대 강령을 실천함으로써 이상적인 세계를 만들 수 있다고 믿지요. 4대 강령은 바르게 깨닫고 바르게 실천하는 것, 은혜를 알고 보답하는 것, 불법의 진리를 생활 속에서 활용하는 것, 나보다 남을 위해 봉사하는 것이에요.

### 불교와 원불교는 어떤 관계일까?

불교와 원불교는 이름이 참 비슷하지요? 박중빈은 불교의 교리를 원불교의 근원으로 삼았다고 해요. 그렇다면 원불교는 불교의 한 갈래일까요? 만약 큰 차이가 없다면 왜 박중빈은 그냥 불교를 믿지 않고 새로운 종교를 만들었을까요?

박중빈이 원불교를 만들던 1924년에는 이미 많은 종교들이 우리나라에 있었어요. 불교, 유교, 도교를 비롯해 천주교, 동학에 이르기까지 많은 종교들이 있었지요. 박중빈은 여러 종교에 대해서 공부를 많이 했어요. 박중빈은 믿음만을 가장 중요하게 생각하는 종교들보다 좀 더 실질적이고 도움이 되는 실천적인 종교를 만들고 싶었어요. 그래서 새로운 종교인 원불교를 만들게 되었던 것이지요.

하지만 박중빈은 처음 깨달음을 얻은 뒤에 옛 성현들이 깨우친 경지를 알기 위해 유교, 불교, 도교, 기독교 등의 여러 경전을 공부했어요. 그중 불교의 《금강경》을 보고 "부처는 성현 중의 성현이요, 처음 수행에 나선 동기에서부터 구도의 과정과 깨달음의 경로가 나와 비슷한 점이 많다. 따라서 나의 근원을 부처로 정하고 장차 불법을 주체로 하여 새 종교를 창립하리라."라고 했어요. 그래서 원불교는 불교를 근원으로 하게 되었지만 그 시작이나 운영 방식, 제도 등은 전혀 다른 새로운 종교랍니다.

# 널리 사람을 이롭게 하라, 나철
## 대종교 이야기

"서당을 다니지 않았는데도 공부를 이렇게 잘하니 정말 기특하구나."

어린 두영은 훈장님한테 늘 이렇게 칭찬을 받았어요. 두영은 공부를 잘하고 영리해서 신동으로 여겨졌어요. 두영은 친구들과도 잘 어울렸어요.

"두영아, 불놀이하러 가자."

어느 날 두영은 친구들과 함께 밖으로 나가 불놀이를 했어요. 그런데 그만 친구 길수의 옷에 불똥이 튀어 저고리가 타고 말았어요.

"어떻게 해. 이대로 집으로 가면 엄마한테 쫓겨날 거야."

길수는 주저앉아 엉엉 울었어요.

"그만 울어. 걱정할 것 없어. 그 저고리 나랑 바꿔 입자."

"그래도 괜찮겠어?"

두영은 길수와 저고리를 바꿔입고 집으로 돌아갔어요. 두영의 어머니는 두영을 보고 깜짝 놀랐어요.

"두영아, 왜 저고리가 불에 탔니? 도대체 무슨 일이냐?"

두영은 오늘 있었던 일을 어머니께 차분히 말씀드렸어요. 어머니는 두영이 친구를 위해서 그랬다는 것을 알고는 크게 혼내지 않았어요. 그리고 마음속으로 다른 사람을 위할 줄 아는 두영을 자랑스럽게 생각했지요.

이 이야기는 독립운동가이자 대종교의 창시자로 유명한 나철의 어린 시절 이야기예요. 나철의 어린 시절 이름이 두영이었지요.

나철이 대종교를 만든 시기는 우리나라가 일본의 침략을 받아 강제로 지배를 받던 때였어요. 나철은 나라를 구하기 위해 열심히 독립운동을 했어요. 그러던 어느 날 위기에 처한 나라와 백성을 구하기 위해서는 올바른 민족 정신이 필요하다고 생각했지요. 그래서 한민족의 시조인 단군을 받드는 '단군교'를 세우게 되었어요.

아마 우리 민족의 신화인 단군 신화를 들어본 적이 있을 거예요. 단군교는 바로 이 신화를 바탕으로 한 종교예요. 그리고 이 단군교는 나중에 '대종교'라고 이름이 바뀌었지요.

먼 옛날, 하느님이신 환인이 홍익인간과 이화세계의 정신을 땅 위에 펼치기 위해 아들 환웅을 인간 세상으로 내려보냈어요. 환웅은 무

昂明人中天地一
檀君天符經八十一字
誦亨壽福藏退家

리 삼천 명을 거느리고 땅으로 내려왔지요.

홍익인간은 널리 인간 세계를 이롭게 한다는 뜻이고, 이화세계는 이치로써 세상을 다스린다는 뜻이에요. 홍익인간의 정신은 그 후로도 이어져서 지금까지도 우리나라의 건국이념으로 자리잡고 있지요.

환웅은 태백산 꼭대기에 있는 신단수라는 나무 아래로 내려와 '신시'라는 나라를 세웠어요. 그리고 환웅이 '웅녀'와 결혼하여 낳은 아이가 '단군왕검'으로 우리 민족의 시조이지요. 이 이야기가 바로 단군 신화예요.

대종교에서는 단군 신화에 나오는 환인, 환웅, 그리고 단군인 환검의 세 모습으로 우리에게 나타난 하나의 신, 한얼님을 모셔요. 그리고 수행을 통해 인간의 속성을 물리치고 하늘의 본성으로 돌아가는 것을 마지막 목표로 여기지요.

이와 같이 민족의 역사와 정신을 기초로 대종교를 만든 나철은 자신이 대종교를 '중광'했다고 표현했어요. 그것은 자신이 새로운 종교를 만든 것이 아니라 이어져 내려오던 민족 신앙을 다시 밝힌다는 의미랍니다. 나철은 널리 사람을 이롭게 한다는 홍익인간의 민족정신을 이어받아 종교 활동뿐 아니라 나라를 위한 독립운동에 매우 힘썼어요. 따라서 대종교를 믿는 사람들 중에는 일제에 대항하여 독립 운동에 앞장선 사람들이 많았답니다. 하느님의 자손인 우리 민족을 구하고 바로 세우는 것이 매우 중요한 일이었기 때문이지요.

  하지만 대종교에서 말하는 민족정신이란 우리 민족의 번영만을 생각하는 좁은 것이 아니에요. 그 안에는 민족을 바로 세워 인간 세상을 널리 이롭게 하고자 하는 더 넓은 뜻이 들어 있답니다.

##  나철의 생애

나철은 1862년 전남 보성군 벌교읍 칠동리에서 태어났어요. 어린 시절의 이름은 두영, 호는 홍암이지요. 지주의 둘째 아들로 태어난 나철은 서당에서 훈장이 신동으로 인정할 만큼 학문에 뛰어났어요. 그는 스물 아홉 살이 되던 해에 문과에 장원급제하여 벼슬길에 올랐지요. 하지만 1894년 임제가 침략하자 벼슬을 버리고 나라를 구하기 위해 나섰어요.

그러나 결국 1905년에 우리나라의 외교권을 일제에게 빼앗기고 말았어요. 그러자 나철은 사람들과 함께 외교권을 일제에게 팔아넘긴 친일파 다섯명을 '5적'이라 하여 민족의 이름으로 암살하려고 했어요. 하지만 암살은 실패로 돌아갔지요. 이 일로 나철은 잡혀가 유배되었다가 풀려났어요.

풀려난 후에도 나철은 일본으로 건너가 독립운동을 계속했어요. 일본의 천황과 각 성에 편지를 보내어 우리나라의 독립이 옳다는 것을 밝혔지만 결국 소득 없이 귀국하게 되었어요.

1909년 겨울, 서울 재동의 취운정에서 나철은 단군의 역사와 내력을 설명하고 단군교를 탄생시켰어요. 그 자리에는 나철과 오혁, 이기, 김윤식, 유근 등

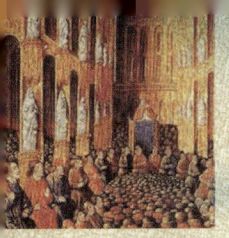

이름난 사람들이 모여 있었지요.

그리고 1910년 일본의 박해와 친일파들의 방해가 심해지자 단군교라는 이름을 대종교로 바꾸었어요. 1911년에는 대종교에서 믿는 신에 대하여 설명한 《신리대전》을 발간하기도 했지요. 나철은 7년 동안 대종교의 이론 체계를 세우고 많은 인재들을 모았어요. 이렇게 대종교 조직은 전국으로 뻗어 나갔고 만주에도 교당과 지사를 설치하기에 이르렀어요.

민족 정신을 드높이는 대종교가 빠르게 퍼져 나가자 일제는 크게 당황했어요. 그래서 1915년 종교통제 법안을 발표하고 대종교가 종교 단체로 위장한 항일 독립 운동단체라며 법을 어겼다고 억지를 부렸지요. 일제의 탄압으로 대종교 운동은 위기에 처하게 되었어요. 이에 나철은 1916년 구월산에서 광복을 암시하는 예언시와 일본 총리 및 조선 총독에게 주는 글을 남기고 자결했어요.

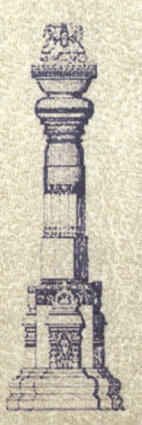
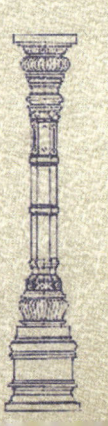

**개천절은 어떻게 생겨났을까?**

우리 민족의 발생과 건국에 관한 신화인 단군 신화에서는 환웅이 상원 갑자년(기원전 2457년) 음력 10월 3일에 태백산에 내려와 신시를 열었다고 해요. 예로부터 이것을 기념하여 해마다 하늘에 제사를 올리는 행사가 있었어요. 부여에서는 영고, 예와 맥에서는 무천, 삼한에서는 계음, 고구려에서는 동맹, 백제에서는 교천, 신라와 고려에서는 팔관회가 국가적인 행사였지요. 하지만 조선 시대에는 '고삿날'이라고 하여 겨우 유지되던 것을 나철이 1909년 되살렸어요.

우리가 10월 3일을 '개천절'이라고 하여 기념하고 국경일로 정한 것도 환웅이 내려와 우리 민족의 뿌리가 된 날을 기념하는 것이지요. 개천절은 우리가 현재 사용하는 달력인 양력으로는 10월 3일이지만 하늘에 제사를 올리는 제천 행사는 지금도 음력 10월 3일에 열리고 있답니다.

**독립운동가로도 존경받았던 나철**

"내가 이제 온 천하에 형제, 동포, 자매가 암흑한 장면으로 빠져가는 이들의 죄를 대신으로 받을지라. 이에 한 오리 목숨을 끊음은 천하를 위하여 죽는 것이다."

이것은 나철이 일제의 탄압으로 종교 활동과 독립운동이 위기에 처하자 자결하면서 남긴 말이에요. 나철은 대종교라는 종교를 창시해 민족 종교를 다시 일으킨 사람이기도 하지만 역사적으로는 나라를 구하고자 한 독립운동가로도 존경받고 있어요.

또 나철이 죽을 때 남긴 예언시는 우리 민족과 세계의 미래를 예언했던 것으로 다음과 같아요.

을유년(1945년) 8월 15일 일본이 패망하고
소련과 미국이 나라를 남북으로 분단하도다
공산주의와 외래 문화가 민족과 국가를 망치고
공산, 자유의 극한 대립이 세계를 파멸할지나
마침내 한민족의 선도 문화가 크게 번창하여
대립 파멸을 막고 홍익인간 이화세계를 이루리라

이 글에는 죽어가는 순간까지도 민족과 세계를 걱정했던 나철의 마음이 잘 드러나고 있어요. 게다가 이 예언시는 뒤에 일어날 일을 정확하게 내다보아 사람들을 놀라게 했답니다.

# 인간의 힘으로 열어야 할 새로운 세상, 강일순
## 증산교 이야기

    1894년 동학 농민 혁명이 일어났을 때의 일이었어요. 동학 농민 혁명은 동학교도와 농민들이 부패한 관리들에 저항하면서 새로운 세상을 만들고자 일으킨 혁명이었지요. 그런데 동학교도로 농민 운동에 참여했던 사람 중에 정말 이해할 수 없는 사람이 있었어요. 그는 농민군과 함께 다니면서도 싸움에는 참여하지 않았어요. 오히려 사람들에게 이렇게 외치곤 했지요.

"이보시오. 이 싸움은 실패할 것이니 모두 집으로 돌아가시오."

"도대체 저 사람은 왜 저러는 거야?"

"함께 다니면서도 싸울 생각은 안 하고 질 거라고만 하니 영 기분이 나쁘단 말이야."

사람들은 그 사람을 모두 이상하게 쳐다보았어요. 하지만 그 남자는 아랑곳하지 않고 외쳐댔어요.

"이렇게 무기를 들고 싸워 봐야 이기지 못하고 사람들만 다칠 것이오. 그러니 차라리 집으로 돌아가시오."

도대체 이 사람은 누구일까요? 왜 함께 다니면서도 싸우지는 않고 이런 소리들을 외쳤을까요? 그는 바로 증산교를 일으킨 강일순이라는 사람이었어요. 결국 그의 말대로 동학 농민 혁명은 실패하고 말았어요. 하지만 그는 동학 농민 혁명의 뜻에 반대했던 것은 아니에요. 다만 그 방법이 성공하지 못할 것이라는 것을 예견했던 것이지요. 혁명이 실패로 돌아가자 그는 혼란한 사회 속에서 더욱 좌절한 백성들을 위해 다른 방법이 필요하다고 생각했어요.

강일순은 세상과 인간을 구원할 방법을 찾기 위하여 유교, 불교, 선교 등 여러 종교의 교리를 공부하고 음양, 풍수, 점술, 의술 등을 연구했어요. 강일순은 세상을 구하기 위하여 모든 일을 자유자재로 할 힘이 필요하다고 생

각했어요. 그래서 바람과 비를 불러오며 자기 몸을 다른 것으로 마음대로 변하게 하는 방법과 과거나 현재, 미래를 가릴 것 없이 세상의 모든 것을 환히 알 수 있는 도술 공부에 열중했답니다. 그는 직업도 없이 이곳저곳을 떠돌아다니면서 가끔 신기한 능력을 보였어요. 사람들은 깅일순을 미진 사람이나 별난 사람으로 생각했지요.

하지만 큰 깨달음을 얻게 된 강일순은 증산교를 세우게 되지요. 증산교에서는 세상을 크게 두 시기로 나누어요. 계절에 봄, 여름, 가을, 겨울이 있듯이 우주에도 그 흐름이 있다고 해요. 우주의 흐름은 봄, 여름에 해당하는 선천개벽의 시대와 가을과 겨울에 해당하는 후천개벽의 시대로 나눌 수 있다는 것이지요. 그런데 현재의 시대는 선천개벽 시대에서 후천개벽 시대로 넘어가는 시대라고 여겼어요. 이 시대는 말세로 선천개벽 시대에서 쌓여진 원한 때문에 재앙과 혼란이 있을 수밖에 없는 시대라는 것이지요.

따라서 후천개벽 시대가 열리는 것이 계절의 흐름과 같이 예정된 것이라 해도 원한을 풀고 더 이상 새로운 원한이 생겨나지 않도록 해야 한다고 했어요. 그리고 원한을 해소하기 위한 방법은 모든 원한의 시초인 최초의 원한을 푸는 것이라고 했지요. 이 최초의 한이란 고대 중국의 요임금이 왕의 자리를 아들인 단주에게 물려주지 않아 단주가 한을 품었다는 것이에요. 그렇게 함으로써 그 후로 쌓여온 모든 원한을 풀 수 있다고 해요.

이렇게 선천의 낡은 세상을 뜯어고쳐 새 세상을 여는 준비를 하는 것을 '천지공사'라고 불렀는데, 하늘의 뜻을 받고 내려온 강일순 자신이 그 일을 해야 한다고 여겼지요. 또 증산교 신도들은 그 뜻을 이어받아 후천개벽의 시대를 열어야 한다고 믿고 있어요.

증산교에서는 후천개벽의 토대를 마련한 강일순을 섬기기도 하지만 그

외에도 환인, 환웅, 단군 등 한국 시조신과 각 민족의 민족신, 공자, 석가모니, 예수 등과 같은 문명신, 모든 사람의 조상인 신령신 등 매우 많은 신들을 모시고 섬겨요.

하지만 증산교에서는 무엇보다 중요한 것을 인간의 힘으로 보고 있어요. 사람은 지금까지 두려움의 대상으로 삼았던 신보다도 고귀한 존재이기 때문에 모든 것은 인간 중심으로 이루어진다는 것이지요. 강일순은 '과거에는 인간이 일을 꾸미지만, 그것을 이루는 것은 하늘이었다. 그러나 후천에서는 하늘이 일을 꾸미지만 그것을 이루는 것은 인간이다.'라고 했어요.

인간의 존엄함을 믿는 증산교 사상 속에는 계급 타파와 남녀평등의 사상이 포함되어 있어요.

## ★ 강일순의 생애

증산교를 세운 창시자이자 그 자신이 신으로 숭배 받았던 강일순은 전라북도 정읍에서 태어났어요. 강일순의 호는 증산으로 증산교라는 종교 이름은 그의 호를 따서 붙여진 이름이지요.

강일순은 몰락한 양반의 집에서 태어났어요. 어린 시절에는 매우 총명해서 서당을 다니며 학업을 배울 때에는 그 재주가 매우 뛰어났지요. 하지만 가난한 집에서 태어난 강일순은 열네 살에 학업을 그만두고 한 입이라도 덜기 위해 집을 나와야 했어요. 이곳저곳을 방황하며 막노동을 하기도 하고, 남의 집에서 머슴을 살거나 나무를 하며 어렵게 살아갔지요.

스물한 살이 되던 해에는 결혼을 하여, 처남의 집에서 서당을 차리고 훈장 생활을 했어요. 이때 그의 학문은 높은 경지에 올라 한학은 물론 여러 학문에 뛰어났다고 해요.

그는 1894년 동학 농민 혁명이 일어나자 동학군을 따라다녔으나 싸움에는 참여하지 않았어요. 동학 농민 혁명이 끝난 후, 사람들의 참혹한 모습과 혼란을 보게 된 강일순은 국가와 민족, 세계와 인류를 구원할 새로운 큰 도를

얻어야겠다고 결심했어요. 이후 그는 세상의 모습을 직접 알아보기 위해 1897년부터 3년 동안 세상을 돌아다녔어요.

1900년 고향으로 돌아온 강일순은 김제 모악산 대원사에서 수도를 하던 중 깨달음을 얻게 되지요. 그리고 사람들에게 후천개벽의 시대를 예언하고 자신의 사상을 널리 알렸어요. 그 후 그를 따르던 사람들이 생겨났는데 그들을 '종도'라고 해요. 강일순은 종교 활동을 하면서 1908년에는 약방을 열어 사람들의 병을 치료하는 데 힘쓰다가 이듬해 서른아홉 살의 젊은 나이로 숨을 거두었어요. 이때까지 그를 따르던 종도는 최초의 종도인 김형렬을 비롯하여 모두 64명이었지요.

그들은 후천개벽을 통한 지상낙원이 하루 빨리 오기를 기대하고 있었으나 강일순이 허망하게 죽는 것을 보고 각기 흩어져 버렸어요. 그 후 증산교는 강일순의 아내였던 고판례와 여러 제자들에 의해 수많은 교파로 나누어졌어요. 한때는 교단이 무려 100여 개나 되었다고 해요.

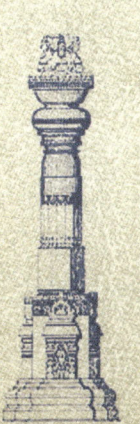
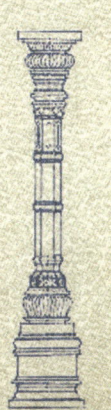

## 신비의 주문 태을주와 증산교의 의식

증산교는 처음에는 그가 제자들에게 가르쳐 준 '태을주'라는 주문에 따라 태을교, 선도교 등의 이름으로 불렸어요. 증산교라는 이름은 나중에 창시자인 강일순의 호, 증산을 따서 부르게 된 이름이지요.

증산교에는 여러 갈래가 있지만 공통적으로 태을주 같은 주문을 외우는 것은 아주 중요한 의식이에요. 이외에도 동학에서 나온 시천주, 칠묵주, 오주, 진법주 등 여러 주문이 있지요. 또 부적을 태우는 의식도 공통적으로 중요하게 여겨요. 이러한 의식들을 행하면 귀신을 쫓고, 병을 낫게 한다고 믿지요. 또 주문을 외우면 눈이 열려 신과 인간의 세계의 모든 현상을 꿰뚫어 보게 되고 과거와 미래의 일을 알게 된다고 해요.

증산교에서 외우는 태을주 주문은 다음과 같아요.

훔치훔치 태을천 상원군 훔리치야도래 훔리함리 사파하.

강일순은 이 태을주를 전국을 돌아다니던 중에 충청남도 사람인 김경흔으로부터 알게 되었어요.

태을주의 뒷부분인 '훔리치야도래 훔리함리 사파하'는 불교나 도교에서도 많이 외우는 주문이었어요. 모든 아픈 병과 수행을 방해하는 마귀들을 물리치는 주문이라는 뜻이죠.

## 어려운 사회 속에서 태어난 민족 종교

강일순은 증산교를 세우기 전 동학, 즉 천도교인이기도 했어요. 천도교를 비롯해서 원불교, 증산교 등은 모두 민족 종교로 비슷한 시기에 생겨났어요. 그 시기는 바로 조선 시대 말에서 일제강점기로 사회가 어렵고 혼란했던 시기였지요.

19세기 말 조선은 나라 안팎으로 큰 위기에 처해 있었어요. 밖에서는 서구의 힘센 나라들이 호시탐탐 나라를 넘보고 있었고, 일본은 우리나라를 지배하려는 야심을 드러내고 있었지요. 하지만 이에 대비해야 할 정부는 권력 다툼에만 눈이 멀어 있었어요. 또 썩을 대로 썩은 지방의 관리들은 자신들의 이익만 챙기느라 백성들을 괴롭혔어요.

세상이 혼란스럽고 현실이 불안해지면 사람들은 초자연적인 힘이나 종교에 마음을 의지하게 돼요. 이러한 시기에 생겨난 민족 종교들은 단순히 종교의 차원을 넘어서 어려운 시대를 이겨 나가고자 하는 민족 의식에서 생겨났다고 볼 수 있어요.

또 이 종교들에는 새로운 세계가 올 것이라고 믿고 노력한다는 공통점이 있어요. 현실의 혼란스러운 사회가 바뀌고 새로운 세상이 오길 바라는 사람들의 바람이 그대로 담겨진 것이라 할 수 있지요.

# 신은 우리의 마음속에 있다, 나나크
## 시크교 이야기

나나크는 어느 날 숲속을 거닐며 생각에 잠겨 있었어요. 그는 인도에서 태어나 그곳의 전통 종교인 힌두교를 믿고 있었지요. 하지만 이 시기에는 이슬람교도들이 이 지역을 점령하고 있었지요. 이 두 종교인들 사이에는 종교적 갈등으로 늘 긴장감이 감돌았어요. 나나크는 늘 이런 모습이 옳지 않다고 생각했어요. 하지만 그 해결책을 알 수가 없었지요.

"힌두교도 아니고 이슬람교도 아니라면 누구의 길을 따를 것인가?"

나나크의 머릿속에는 늘 이런 의문이 떠나질 않았어요. 그날도 나나크는 숲속을 거닐며 또 이런 질문에 대한 답을 찾고 있었던 거예요. 그런데 갑자기 신의 목소리가 그에게 들려왔어요.

"너는 나를 따라야 한다. 나는 지금까지 너를 행복하게 해 주었다. 이제는 너뿐만 아니라 너를 따르는 모든 사람들까지 행복하게 해 줄 것이다. 가서 내 이름을 되뇌라. 그리고 다른 사람에게도 그렇게 하도록 일러라. 세상에 머물되 오염되지 말라. 내 이름을 되뇌고 자선과 목욕재계와 예배 그리고 명상을 게을리 하지 말라. 내가 이 감로주를 네게 주었으니 이것은 내가 너를 돌보아 주겠다는 약속이니라."

그는 신의 목소리를 들은 지 사흘 뒤에야 숲에서 나왔어요.

"도대체 어딜 다녀온 거예요?"

"뭐라고 말 좀 해 봐요."

그는 사람들의 질문에도 입을 열지 않았어요. 그리고 그 다음날 나나크는 '힌두교도 이슬람교도 없다.'고 이야기했어요. 처음에 사람들은 이 말이 무슨 말인지 알 수가 없었어요. 하지만 결국 이 말은 중요한 것은 어떤 형식의 종교인지가 아니라 신의 길을 따르는 것이라는 뜻이었지요.

이렇게 오랜 고민 끝에 신의 목소리를 들은 나나크에 의해 시크교가 생겨났어요. 곧 나나크의 곁에는 그를 따르는 사람들이 생겨났어요. 그들은 나나크를 '구루 나나크'라 불렀어요. 구루는 스승, 지도자라는 뜻이에요. 그리고 '시크'란 제자라는 뜻이랍니다.

　나나크가 '힌두교도 이슬람교도 없다.'라고 말한 것은 두 종교를 부정하는 것이 아니에요. 오히려 그 반대지요. 나나크는 이 두 종교의 장점을 받아들였고, 똑같이 인정했어요.

　나나크는 신은 세상 속에 있으며, 인간의 마음속에 있는 것이라고 믿었어요. 그리고 그 가르침을 사람들에게 이렇게 전했어요.

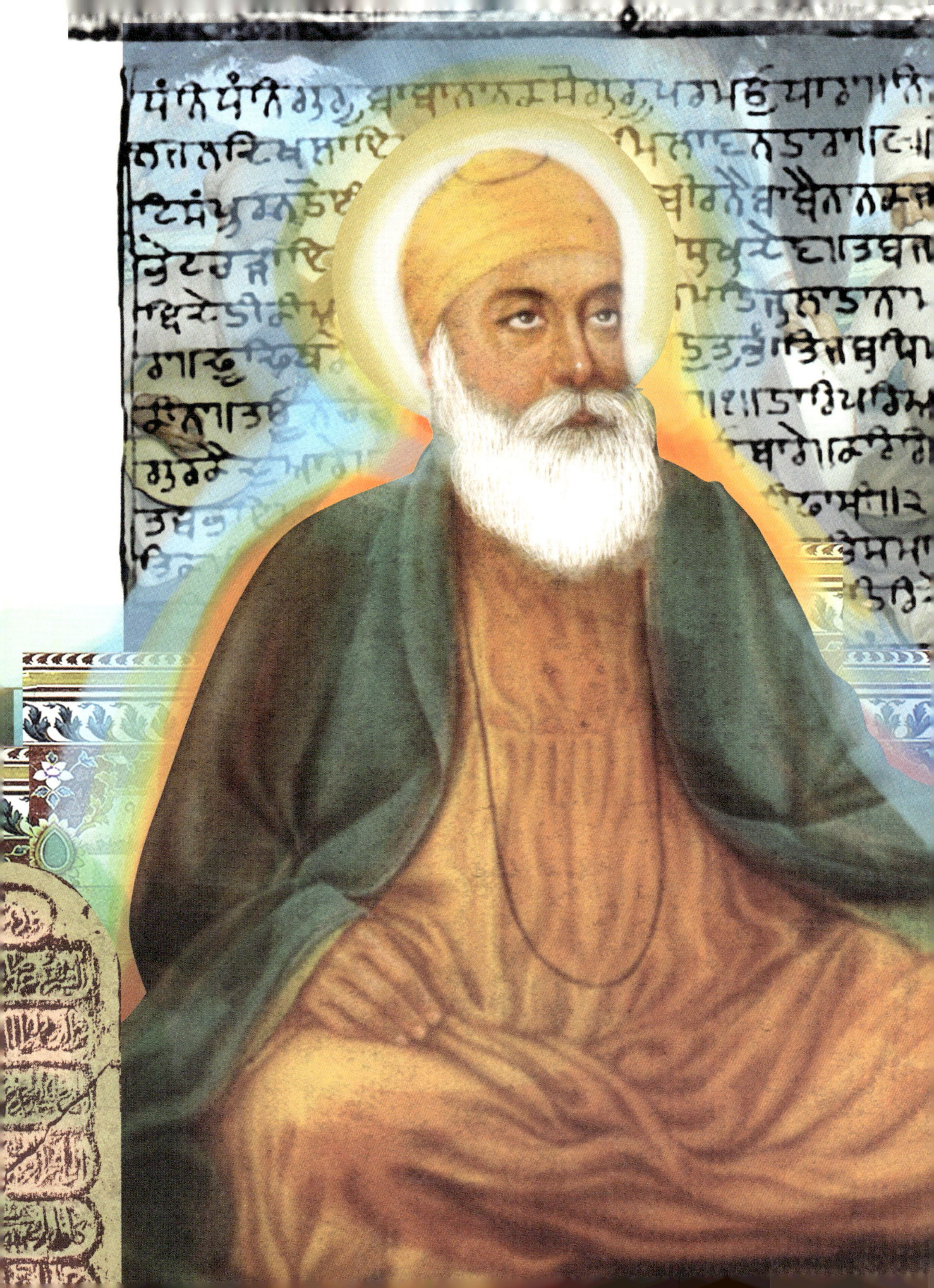

"진실한 분을 먼 데서 찾지 말라. 그분은 누구나의 마음속에 있다. 구루의 가르침에 따르면 그분을 알 수 있게 되리라."

따라서 나나크는 다른 종교에서 형식적인 의식을 중요하게 생각하는 것이나 우상을 숭배하는 것은 옳지 않다고 여겼어요. 하지만 다른 종교라고 해도 너그럽게 생각하고 받아들였지요.

나나크는 형식보다는 단지 신에게 좀 더 가까이 다가가고 신의 뜻을 따라 살려는 소박한 뜻을 가지고 있었어요. 그는 인류에 대한 사랑이 없다면 신을 사랑할 수 없다고 믿었어요. 따라서 힘든 노동을 통해 얻은 것을 다른 사람과 나누는 것이 신앙 생활의 하나라고 강조했어요. 또한 인간을 불평등 하게 만드는 카스트 제도와 같은 계급 제도와 여성에 대한 차별을 부정했어요. 그래서 시크교 신자들은 평등의 표시로 사원에 딸려 있는 공동 식당인 랑가름에서 함께 식사를 나눠요.

시크교를 처음 세울 때 나나크와 그의 제자들은 공동체를 만들어 신의 이름을 찬송하며 명상을 했어요. 또 노동을 통해 얻은 수익을 함께 나누었지요. 시크교의 창시자인 구루 나나크 이후로 9명의 구루들이 그 뒤를 이었고, 그들을 10대 구루라고 부른답니다.

시크교 신자들은 자신들이 사트구루, 즉 '진정한 스승'이라고 부르는 유일신을 믿어요. 신의 뜻은 지혜롭고 성스러운 스승, 구루들을 통해서 알려져야 한다고 믿고 존경하지요. 현재 전 세계의 시크교도는 8,000만 명 정도로 어디에 살든 '구루 드와라'라는 공동체를 이뤄요. 시크교도는 쉽게 알아볼 수 있어요. 긴 수염에 머리엔 터번을 쓰고 있지요.

## ★ 나나크의 생애

나나크는 1469년 인도의 북서부 지역인 펀자브 지방 라호르 근방에서 농부의 아들로 태어났어요. 나나크가 태어난 곳에서는 힌두교를 믿고 있었어요. 신앙심이 두터웠던 어머니의 영향으로 나나크는 어린 시절부터 종교에 대한 탐구심이 강했어요. 또 아버지는 무슬림 왕국의 회계관으로 근무하고 있었기 때문에 이슬람교에 대한 교육도 받았지요.

나나크는 힌두교와 이슬람교 간의 갈등과 대립을 보면서 진정한 구원의 길은 무엇인가에 대해 의문을 품게 되었어요. 나나크는 4번이나 세계 여행을 했어요. 인도 전역은 물론 메카, 아프리카 동북부, 중국 남부, 중앙아시아 등을 돌아다녔지요.

20여 년에 걸친 이 여행에서 나나크는 많은 종교와 그 지도자들을 보고 만났어요. 그러는 동안 그는 신은 하나라는 것을 깨닫게 되었지요. 1521년 나나크는 시크교를 창설하고 이 종교를 전파하기 시작했어요. 그는 인도 곳곳을 돌며 '신은 하나이며 힌두도 없고 무슬림도 없다.'고 설교했어요.

인도 북부와 서부 지방을 여행하며 포교를 시작한 나나크는 자신만의 독특한 의상

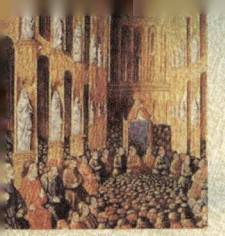

을 입었어요. 그 옷은 하의와 신발은 힌두교식이고 상의는 무슬림식이었지요. 이것은 힌두교와 이슬람교를 화합시켜 보려는 그의 노력이었어요.

그가 죽기 전 이슬람교도들은 그가 죽으면 매장하자고 하고, 힌두교도들은 화장을 하자고 했어요. 그러자 나나크는 "힌두교도들은 내 오른쪽에 이슬람교도들은 내 왼쪽에 꽃을 놓도록 하시오. 아침에 일어나 보아 꽃이 아직 싱싱한 쪽의 의견대로 하지요."라고 말했어요. 다음날 양쪽의 꽃은 모두 싱싱하게 남아 있었답니다.

나나크는 1538년 세상을 떠났어요. 나나크는 세상을 떠나면서 앙가드를 계승자로 지정하였고, 앙가드는 제2대 구루가 되었어요. 시크교도들은 나나크의 영혼이 시크교의 지도자로서 계승되는 구루의 몸으로 다시 태어난다고 믿었답니다.

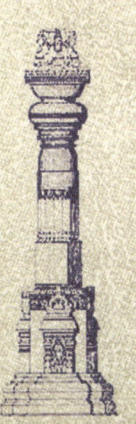
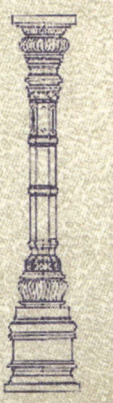

## 화해의 씨앗에서 전쟁의 씨앗이 된 시크교

구루 나나크 이후 뒤를 이은 구루들의 노력으로 시크교는 더욱 발전해 나갔어요. 그러나 그 세력이 커지자 무굴 제국으로부터 박해를 받았어요. 5대 구루인 아르준은 1606년에 체포되어 처형되었지요. 아르준의 아들이자 6대 구루인 구루 하르고빈드는 아버지의 복수를 맹세하며 두 자루이 칼을 차고 다녔어요. 그리고 끊임없이 박해를 받은 시크교도들은 7대 구루 때부터 군사력을 갖추는 데 더욱 힘을 쏟기 시작했답니다.

나나크는 종교 간의 화해를 중요하게 생각했고 그 결과 이슬람교와 힌두교의 갈등을 잠재웠던 시크교는 갈등의 씨앗이 되었어요. 종교가 박해를 받게 되자 신자들도 칼의 힘에 의지하게 된 것이지요. 무굴 제국과의 항쟁을 통하여 점차 교단은 엄격해지고 전투를 위한 집단처럼 변해서, 한때 강대한 시크 왕국을 세우기도 했어요. 하지만 시크 왕국은 인도 전체를 손아귀에 넣으려는 영국과 두 번의 전쟁을 벌이다 결국 멸망했어요. 이 전쟁을 시크 전쟁이라고 불러요.

시크 왕국이 있던 펀자브 지역은 제2차 세계 대전으로 인도와 파키스탄이 분리되며 인도 땅이 되었어요. 현재 10개의 시크 무장 단체가 독립 자치주와 왕국 재건을 목표로 투쟁하고 있답니다.

## 위대한 스승으로 존경받는 책, '구루 그란트 사히브'

오랜 시간 무굴 제국으로부터 박해를 받은 시크교도들은 신앙을 위해 죽을 준비가 되어 있는 시크교 신자들의 공동체인 '칼사'를 만들었어요.

칼사의 멤버들은 성수로 씻겨지고, 남자들은 사자를 뜻하는 '싱이'라는 이름을, 여자는 암사자 또는 공주를 뜻하는 '카우르'라는 이름을 받게 되지요. 또 적과 구분하여 전사임을 증명하기 위해 다섯 가지를 반드시 갖추어야 돼요. 터번으로 감싼 긴 머리, 머리빗, 단도, 오른손에 차는 쇠팔찌, 그리고 짧은 바지를 갖추어야 하지요.

마지막으로 시크교 경전, 《그란트 사히브》를 구루로 삼아 계승하도록 했어요. 사람이 아닌 책이 구루가 된 것이지요. 그 이유는 구루를 계승해야 할 아들들이 전쟁터에서 사망한 이유도 있지만 시크교도들이 언제, 어느 지역에서든 구루를 중심으로 쉽게 모일 수 있도록 하기 위해서였어요.

《그란트 사히브》 앞에 시크교도들이 다섯 명 이상만 있으면 구루를 정할 수 있도록 하는 것으로, 이렇게 함으로써 멀리 있는 시크교도들도 자신들의 공동체를 스스로 운영할 수 있게 되었지요. 이렇게 해서 시크교의 경전은 단순한 경전이 아닌 '구루 그란트 사히브'라고 불리며 위대한 스승으로 존경받게 되었답니다.

## 모든 살아 있는 생명을 존중하라, 마하비라

# 자이나교 이야기

옛날 인도 지역에 바르다마나라는 사람이 있었어요. 그는 해괴한 모습으로 이곳저곳을 돌아다녔어요. 처음에는 1년을 한 벌의 옷으로 버티며 돌아다녔어요. 그의 모습은 거지보다 더 더럽고 흉했어요. 그러다가 그는 그 옷마저 벗어 버리고 알몸으로 돌아다니기 시작했어요. 게다가 물을 받아 마시거나 밥을 담을 그릇조차 들고 있지 않았지요.

어느 날 그가 누워 있을 때였어요. 해로운 벌레가 그의 몸 위를 기어가기 시작했어요. 하지만 그는 꼼짝도 하지 않고 벌레가 지나가도록 내버려 두었어요. 또 모기가 물어도 절대로 모기를 쫓거나 잡으려고 하지 않았어요. 심지어는 벌레가 그의 몸을 물어뜯어도 그 아픔을 그대로 견뎌냈지요. 그는 단식을 하기도 하고, 밤낮으로 명상을 하며 시간을 보냈어요. 화장터나 나무 밑에서 생활을 하기도 하면서 이곳저곳을 돌아다녔지요.

그가 한 마을의 거리를 지날 때였어요.

"어유, 더러워. 좀 씻지."

"사람이 어떻게 저렇게 더럽고 추한 꼴로 다닐 수가 있을까?"

"알몸로 돌아다니다니 미친 거 아니야? 저런 놈은 정신이 들도록 흠씬 때려 줘야 돼."

사람들은 그에게 욕설을 퍼붓고 매질을 해댔어요. 하지만 그는 사람들에게 맞으면서도 침착함을 잃지 않고 조용히 견뎌내고 있었어요.

이 이상한 사람이 바로 자이나교를 창시한 마하비라예요. 바르다바나가 원래 이름이지만 후에 '위대한 영웅'이라는 뜻의 존칭을 써서 '마하비라'로 불리게 되었어요. 그는 인도의 신분 계급 중 두 번째로 높은 크샤트리아 신분이었어요. 하지만 화려하고 안락한 생활을 버리고 떠났지요. 그는 욕심을 버리는 수행을 통해 깨달음을 얻으려고 이렇게 먹지도, 입지도, 씻지도 않고 추한 모습으로 돌아다녔던 거예요.

그리고 그는 깨달음을 얻어 기원전 5세기경 인도 북동부의 갠지스 강 유역에서 자이나교를 세우게 되었어요. 자이나교의 중심 원리는 바로 생명과 살아 있는 모든 것을 존중하는 데에 있어요. 그래서 마하비라는 작은 벌레 하나도 다치게 하거나 죽지 않게 하려고 노력했던 거예요. 그는 만물은 모두 영혼을 가지고 있는데, 인간이나 동물뿐만 아니라 나무, 강, 돌멩이에도 영혼이 머물러 있다고 믿었어요. 따라서 어떤 모습을 하고 있더라도 생명이 있다고 생각해서 소중히 해야 한다고 여겼지요. 또한 폭력을 쓰거나 피해를 입히지 않도록 해야 한다고 생각했어요.

마하비라와 그의 제자들은 생명을 죽이지 않기 위해 많은 노력을 기울였어요. 곤충을 밟지 않기 위해 길을 비로 쓸면서 걷고, 공기 속을 떠도는 작은 생물체를 삼킬까 봐 코와 입을 마스크로 가렸지요.

오늘날에도 정통파 자이나교도는 고기 음식을 먹지 않고 어두운 곳에서는 벌레에게 해를 주게 될지 모르므로 낮에만 식사를 해요. 따라서 자이나교도는 농민이 되려고 해도 될 수가 없어요. 땅을 갈면 땅 속에 사는 생물을 죽이게 되기 때문이지요.

자이나교라는 말은 '지나'라는 말에서 유래되었어요. 마하비라는 집을 나와 12년간 고행을 하며 도를 닦은 결과, '티르탕카라'라고 불리는 성인들 중 24번째 성인이 되었어요. 티르탕카라는 다른 사람들을 이끄는 구원자이지요. 마하비라는 이 세상의 마지막 티르탕카라라고 생각되었어요. 마하비라가 이 성인들을 '지나'라고 부르면서 그가 창시한 종교의 이름이 자이나교가 되었지요. 지나는 세상에 대한 집착을 끊고 지식과 깨달음을 얻은 자를 가리키는 말이랍니다.

마하비라는 교인들이 지켜야 할 '5대 서원'을 세웠어요. 그것은 생명체를 죽이지 말 것, 진리가 아닌 것을 말하지 말 것, 욕심을 내지 말 것, 쾌락을 추구하지 말 것, 살아 있는 것이나 살아 있지 않은 것에 대하여 집착하지 말 것의 다섯 가지예요.

자이나교도들은 신을 믿거나 신에게 도와달라고 기도하지 않아요. 대신 명상과 수련을 하도록 이끌어 주는 정신적 스승들을 따르지요. 자이나교도들은 명상과 수련을 통해서 삶이 반복되는 윤회의 굴레에서 벗어나 자유로워질 수 있다고 믿어요. 또 본능적인 감정과 욕망을 억제함으로써 물질 세계로부터 자유로워질 수 있다고 믿지요. 따라서 자이나교에서는 승려들뿐만 아니라 일반 신자들도 물질이 주는 편안한 생활을 버리고 힘든 수행을 한답니다.

###  마하비라의 생애

마하비라의 본명은 바르다마나예요. 그는 기원전 540년에 지금의 인도 비하르주 지방의 바사르 마을에서 태어났어요. 그의 아버지는 크샤트리아 신분 계급의 우두머리였으며 어머니 트리샬라 또한 크샤트리아 계급 출신이었어요.

출가하기 이전의 마하비라의 상황은 붓다와 비슷해요. 높은 신분에 속했던 마하비라는 어려서는 호사스러운 생활을 누렸어요. 그는 크샤트리아 출신의 여자와 결혼해서 딸을 하나 낳았지요. 그리고 부모가 돌아가시고 서른 살이 되었을 때 출가하여 수행자가 되었어요.

그는 태어나고 죽고, 다시 태어나는 삶의 순환으로부터 벗어날 수 있는 해답을 찾고 있었어요. 당시의 종교들에서 해답을 찾지 못했던 마하비라는 힘든 수행을 통해 그 답을 구하고자 했어요. 그리고 12년 동안 고행을 하며 알몸으로 떠돌아 다녔지요.

그리고 12년간의 방랑 생활 끝에 단식과 명상을 통해 케발라, 즉 완전한 지식을 깨닫게 되었어요. 이때부터 그는 위대한 영웅이라는 의미의 '마하비라' 라고 불리게 되었고 지식과 깨달음을 얻은 24번째 '지나'가 되었어요.

　그는 그 깨달음을 코살라, 마가다, 미틸라, 참파 등 여러 곳을 돌아다니며 전파했지요. 30년간 종교를 전파하고 수행하는 삶을 살았던 마하비라는 일흔두 살의 나이에 죽었어요. 그는 자신이 태어난 곳에서 멀지 않은 파바라는 마을에서 단식을 하여 스스로 목숨을 끊었지요. 마하비라의 부모 또한 이와 같은 방법으로 목숨을 끊었어요. 자이나교도의 최고 소망은 마하비라의 방식처럼 단식을 통해 스스로 목숨을 끊는 것이에요. 마하비라가 죽은 파바는 자이나교를 믿는 사람들에게는 가장 중요한 순례지랍니다.

　마하비라를 따르는 신자들은 생명을 존중하고 평화를 사랑하라는 마하비라의 가르침을 실천함으로써 계속해서 인도 문화에 영향을 주었어요. 오늘날에도 마하비라의 가르침은 여러 개혁가들에게 영향을 미치고 있답니다.

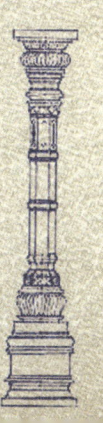

## 영혼의 먼지, 카르마

자이나교에서 생명을 존중하고, 고행을 하는 것은 모두 카르마와 관련이 있어요. 카르마는 다른 말로 '업'이라고 불러요. 하지만 자이나교의 카르마는 힌두교나 불교에서 이야기하는 카르마와는 조금 다릅니다. 자이나교에서 말하는 카르마는 신발에 들러붙은 진흙처럼 영혼에 붙어 있는 미세한 티끌, 먼지를 말해요. 카르마가 많이 쌓이면 영혼을 짓누르게 된다고 믿지요. 자이나교 신자들은 물질을 소유하거나 집착하는 것, 분노하고 자만하는 것, 사기나 탐욕스러운 행위, 잘못된 믿음 같은 것들 때문에 카르마가 생겨나고 쌓인다고 생각해요. 따라서 악한 행위를 하면 무거운 카르마가 들러붙어 영혼이 자유를 잃게 되지요. 반대로 선한 행위를 하면 카르마가 씻겨 없어져요.

물질적인 것을 포기하는 것은 자신에겐 힘든 일이지만 다른 사람에게는 도움이 될 수 있어요. 그래서 자이나교 신자들은 자비로운 마음으로 조건없이 널리 베푸는 데 힘써요. 자신의 재산으로 사원이나 병원, 학교를 지어서 어려운 사람을 돕지요. 또 매일 48분의 시간을 내어 신앙을 다지고, 파주사나와 같은 주요 축제 기간에는 하루 종일 승려로 지내며 수행을 하기도 해요.

이러한 행위들을 통해 카르마가 씻겨진 자유로운 영혼은 우주의 가장 높은 곳으로 올라가 영원한 자유를 누리며 살게 된답니다.

## 하늘의 옷을 입은 사람들과 흰 옷을 입은 사람들

 처음에 자이나교는 구원을 얻기 위해서는 출가하여 수행을 해야만 한다고 했어요. 그래서 일반 신자들도 사원에 받아들이고 승려들의 삶을 본받도록 했어요. 하지만 세력이 늘어나면서 수도원을 만들어 세상과 단절시키고 불교와 마찬가지로 여자 수련자도 입단을 허용했어요.

 기원전 4세기경 마우리아 왕조의 시조 찬드라굽타는 흉년으로 굶주리는 사람들이 많아지자 마이소르에 수도원을 짓게 하고는 스스로 왕위에서 물러났어요. 그리고 그곳에서 단식을 하는 자이나교의 고행을 했다고 해요.

 기원전 1세기경이 되자 자이나교는 지금의 오릿사에서 마투라에 이르는 북인도 일대에 이르기까지 크게 교세를 떨쳤어요. 그리고 1세기 말에는 두 파로 갈라졌는데, 하늘의 옷을 입었다는 뜻의 '디감바라 파'와 흰 옷을 입었다는 뜻의 '쉬베탐바라 파'로 갈라졌어요. 그 이유는 이름 그대로인데 디감바라 파는 옷조차 걸치지 않을 정도로 어떤 것도 소유하지 않아요. 그래서 디감바라 파 남자들은 알몸으로 지내지요. 반면에 쉬베탐바라 파는 이름 그대로 흰 옷을 입는 것은 허용해서 남녀 승려들이 간단한 흰 옷을 입지요.

## 누구나 자신의 종교를 따라야 한다, 라마크리슈나
# 힌두교 이야기

어느 날 마와리라는 사람이 라마크리슈나를 찾아왔어요.

"선생님, 어떻게 이럴 수가 있습니까? 나는 모든 것을 다 버렸습니다만 신을 체험할 수가 없었습니다."

그의 물음에 라마크리슈나는 이렇게 대답했어요.

"기름을 넣은 가죽 부대를 본 일이 있나요? 안의 기름을 다 쏟아내도 계속 기름 냄새가 나지요. 이와 같은 이유예요. 당신 안에는 아직도 세속적인 냄새가 남아 있어요. 이 세속적인 냄새가 신이 들어오는 것을 방해하는 거예요."

마와리는 조용히 라마크리슈나의 말을 들었어요. 그리고 라마크리슈나는 계속해서 그에게 자신의 생각을 이야기해 주었어요.

"진정한 구도자는 혼자 있을 때조차 어떤 죄악도 짓지 않지요. 아무도 보는 사람이 없지만, 신은 그를 보고 있기 때문이에요. 외딴 곳에서 돈 뭉치를 발견했을 때 갖고 싶은 유혹을 뿌리치는 사람, 그는 진정한 구도자라고 할 수 있어요. 그러나 다른 사람들의 눈이 무서워서, 잘 보이기 위해서 행동하는 사람은 진정한 구도자라 할 수 없어요. 침묵의 종교만이 진정한 종교입니다. 그러나 종교가 자만심과 자랑으로 가득차게 되면 그것은 부끄러운 웃음거리밖에는 될 수 없어요."

마와리는 그의 말을 듣고 조용히 생각에 잠겼어요.

라마크리슈나는 인도의 3대 성자 중 한 분으로 힌두교의 성자예요. 라마크리슈나는 원래 힌두교인으로 종교 생활에 열심인 사람이었어요. 그는 수행을 하면서 시바나 크리슈나와 같은 힌두교의 신들을 만나게 되었지요. 하지만 라마크리슈나는 힌두교의 열렬한 신자이면서도 다른 종교를 존중했어요. 그는 각각의 종교에 맞는 방식으로 다른 종교들도 체험했지요. 그러면서 이슬람교의 알라와 그리스도교의 예수가 자기 몸에 들어오는 체험을 하게 되었어요.

그런 경험을 하게 되면서 라마크리슈나는 깨달았어요. 중요한 것은 형식이나 어떤 종교인가가 아니라 신을 믿고 신에게 이르는 길을 찾는 것이라고.

그러한 깨달음에 대해 라마크리슈나는 다음과 같이 이야기했어요. "교리에 신경 쓰지 말라! 교의와 종파, 교회와 사원에 신경 쓰지 말라! 사람들은 다양한 방식으로 신을 알고 있으니 그것은 모두

HINDUISM ॐ

맞는 것이다."

그의 진지하고도 열정적인 종교 생활과 가르침은 힌두교인뿐만 아니라 다른 종교인들에게도 감동을 주었어요.

라마크리슈나가 이렇게 다른 종교에 대해서도 열린 마음으로 대하고, 모든 종교를 아우르는 가르침을 전할 수 있었던 것은 힌두교의 특성에 영향을 받았기 때문이에요.

사실 힌두교는 우리가 알고 있는 것처럼 하나의 종교가 아니라 여러 가지 다양한 성격의 종교가 뒤섞여 있어요. 힌두교는 인도 대륙에서 지난 4,500년 이상 성장해 온 모든 종교적 믿음과 관습을 합해서 부르는 말이에요. 따라서 힌두교에는 특별한 창시자나 예언자 등이 없어요. 대신에 종교적인 사상과 신앙을 점차적으로 발전시켜 왔지요.

힌두교에는 브라흐마, 비슈누, 시바 등 굉장히 많은 수의 남녀 신들이 있어요. 이 남녀 신들은 브라만이라고 하는 신이 그 모습을 바꾸어 사람들에게 나타난 것이라고 해요. 브라만이란 보이지 않으며, 모든 창조물의 근원인 전능한 힘이지요.

그러므로 힌두교에서는 어떤 신을 어떤 방식으로 믿는가는 중요하지 않아요. 세상의 집착으로부터 벗어나 무엇이 영원하고 옳은 것인가를 깨닫는 것이 가장 중요하지요. 다만 공통점이 있다면 모두 윤회를 믿어요.

윤회는 사람이 죽으면 새 생명을 얻어 이 세상에 다시 태어나는 것을 말해요. 다음 세상에 무엇으로 태어나는가는 어떻게 살았는가에 따라 결정되지요. 그리고 수행을 통해 스스로를 정화시키면 이러한 삶의 순환에서 벗어난 영원한 존재가 될 수 있답니다.

라마크리슈나의 사상은 이렇게 힌두교를 바탕으로 하고 있어요.

## ⭐ 라마크리슈나의 생애

　라마크리슈나의 본명은 가다다르 카토파다야예요. 그는 1836년 인도 벵갈 지방 까마르뿌구르에서 가난한 브라만 집안의 셋째 아들로 태어났어요. 라마크리슈나는 어려서부터 책을 읽고 글을 배우는 것보다 신에게 예배를 드리거나 수행하는 사람들의 여행담을 듣는 것을 더 좋아했어요. 특히 종교극을 좋아해서 곧잘 배우 흉내를 내곤 했지요.

　그는 열한 살에 아버지가 돌아가시자 형을 따라 캘커타(현재의 콜카타)로 갔어요. 그곳에서 아는 사람들의 집을 돌아다니며 기도를 해 주거나 경전을 읽어 주며 지냈지요. 1855년 캘커타 교외에 칼리 여신을 모시는 새 사원이 건축되자 그는 그곳의 승려가 되었어요. 그 후로 더욱 열심히 수행을 하던 그는 토타프리라는 수행자의 설교에 큰 감동을 받았어요. 그리고 자기 이름을 라마크리슈나로 바꾸었답니다.

　그는 1863년과 1868년 두 차례에 걸쳐 힌두교의 성지를 순례하던 중 시바신과 크리슈나신을 만나게 돼요. 또 1866년 말에 이슬람교 수행을 할 때는 무함마드가, 1874년 11월 성서를 읽으며 그리스도교에 따른 신앙 생활을 할 때는 예수가 자신의 몸 속으로 들어오는 체험을 하게 되었어요. 그 후

　그는 모든 종교에는 다 똑같은 진실이 있음을 깨닫게 되었답니다.
　라마크리슈나가 깨달음을 얻자 많은 사람들이 그의 가르침을 얻고자 몰려들었어요. 그리고 1875년경 인도의 영향력 있는 지성인이었던 케샤브 찬드라 센이 그에 관한 이야기를 널리 알렸어요. 그 후 힌두교는 물론 이슬람교, 그리스도교 사람들까지 종교에 상관없이 그의 가르침을 받으러 몰려왔지요.
　그 사람들 중에는 비베카난다라는 사람이 있었어요. 그는 아주 머리가 좋고 예리한 사람이었어요. 비베카난다는 신의 존재나 영원을 믿지 않았어요. 하지만 라마크리슈나를 만나 가르침을 받고는 그의 수제자가 되었답니다. 비베카난다는 라마크리슈나가 죽은 뒤 스승의 사상을 세계 여러 곳에 널리 알렸어요. 그리고 다른 제자들과 함께 세계 각국에 '라마크리슈나 미션'을 세워 그의 사상을 널리 알리고 가르쳤어요.
　힌두교의 전통을 바탕으로 모든 종교의 조화를 이야기했던 라마크리슈나. 그는 인도 사람들에게는 자신감을, 세계인들에게는 조화와 협동의 정신을 심어 주었어요. 라마크리슈나는 1886년 후두암으로 세상을 떠났답니다.

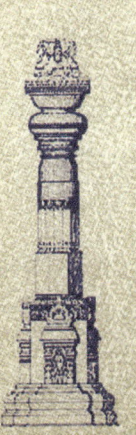

## 인도 사회의 뿌리 깊은 카스트 제도와 힌두교

힌두교인들은 다양한 사상을 가지고 있고, 종교 생활의 방식도 각기 달라요. 그러면 어떻게 힌두교인임을 알 수 있을까요? 힌두교인들에게는 지켜야 할 단 하나의 공통된 의무가 있어요. 그것은 카스트에 관한 규칙과 의무를 지키고 실행하는 거예요. 즉, 어떠한 사상이나 믿음을 가져도 심지어는 종교를 갖지 않아도 카스트의 구성원으로 살아가며 그 관습과 의무를 지키는 사람은 모두 힌두교도라고 할 수 있어요.

카스트란 인도 사회의 신분제도예요. 기원전 1,300년경 아리아인들이 인도에 침입해 오면서 원주민들을 노예로 삼기 위해 이러한 신분 제도를 만들었다고 해요. 그리고 오랜 세월을 거치고 종교와 합해지면서 지금과 같은 신분 제도가 만들어지게 되었어요. 오늘날 카스트 제도는 크게 4개의 신분으로 나뉘어져요.

제일 위인 브라만은 경전을 배우고 승려가 될 수 있는 신분이에요. 라마크리슈나도 브라만 집안에서 태어났어요. 그 아래는 크샤트리아로 전사 신분이 있어요. 그 아래에는 바이샤로 상인, 농민 등의 평민들, 맨 아래에는 노예인 수드라가 있지요. 마지막으로 수드라보다도 낮은 최하층 집단인 달리트가 있어요. 이 사람들은 가장 천하게 여겨지고 직업도 그러한 직업만 가질 수 있지요. '불가촉천민' 즉, '하리

잔'이라고 부르는데 접촉조차 해서는 안 된다는 뜻이에요.

이렇게 신분이 높은 카스트에 속한 사람은 낮은 카스트에 속한 사람의 곁에만 가도 더럽혀진다고 생각해요. 따라서 다른 카스트에 속한 사람끼리는 결혼도 할 수 없고, 직업도 자기 카스트에 맞는 직업만을 가질 수 있지요.

사람들은 누구나 태어나면서부터 자기 집안에 따라 이 카스트 중의 하나에 속하게 되고 평생을 벗어날 수 없는 것이 원칙이에요. 인도 사람들은 선하게 산 사람은 다시 태어날 때 높은 신분으로, 악하게 산 사람은 낮은 신분으로 태어난다고 생각해요. 따라서 천한 신분으로 태어난 것은 전생에서 자신이 쌓은 죄 때문이고 그것에 대한 책임을 져야 한다고 믿지요. 낮은 신분인 사람들은 어려운 삶을 살지만, 선하게 살면 다음 생애에서는 보다 높은 신분으로 태어날 수 있다는 믿음으로 참고 견뎌요. 윤회를 믿는 힌두교인들은 지금의 인생은 영원한 삶 속에서 짧은 한 부분에 지나지 않는다고 생각하지요.

하지만 인도의 위대한 영웅 간디는 카스트 제도를 없애야 한다고 주장했어요. 신분이 낮은 사람들을 처참한 삶에서 구하기 위해 노력했지요. 그 결과 현재 인도 사회에서 카스트 제도는 공식적으로는 사라졌어요. 하지만 힌두교와 인도인들의 정신 속에 깊숙이 뿌리 박힌 카스트 제도는 생활 속에 아직까지도 남아 있답니다.

## 세상의 모든 만물은 신이 될 수 있다, 미치자네
# 신도 이야기

'콰과과쾅, 우르릉'

9세기경 일본에서 있었던 일이에요. 갑자기 벼락이 성에 떨어졌어요.

"도대체 이게 무슨 일이야?"

"얼마 전엔 가뭄이 들어 난리더니, 이젠 폭풍이 몰아치고 있어."

"또 무슨 일이 생길지 모르겠군."

한동안 계속되는 천재지변에 사람들은 모두 두려움에 떨고 있었어요.

온 나라 안이 들썩거릴 지경이었지요.

"누군가 억울하게 죽은 거야. 원한을 가진 귀신의 짓이라고."

"귀신? 그런데 도대체 누굴까?"

사람들은 웅성거렸어요. 그때였어요. 한 사람이 달려오며 소리쳤어요.

"그 소문 들었어? 토키히라가 죽었어. 토키히라의 사위였던 요시아키라 신노도 갑자기 죽었대."

"갑자기 그게 무슨 소리야?"

"미치자네를 모함하고 관직을 빼앗은 사람들이 갑자기 이유도 없이 죽어 나간다는 거야."

"그럼 이게 모두 미치자네의 짓이란 말이야?"

"맞아, 미치자네의 짓이야. 억울하게 죽은 미치자네의 혼 때문이라구."

사람들은 더욱더 두려움에 떨었어요. 그리고 미치자네의 원통한 혼을 달래기 위해 사당을 짓고 그를 신으로 모셔 제사를 지냈어요. 그러자 비로소 폭풍이 멈추고 더 이상 갑자기 죽는 사람들도 생겨나지 않게 되었어요.

이 이야기는 미치자네의 죽음에 얽힌 유명한 이야기예요. 미치자네는 옛날 일본에 살았던 실제 인물로 유명한 학자이자 문인, 정치가였어요. 억울하게 관직을 잃고 죽은 미치자네의 영혼이 여러 가지 재앙과 죽음을 몰고 왔어요. 사람들이 미치자네를 신으로 모셔 그 원한을 달래자 재앙이 그

쳤다고 해요.

　이렇게 일본에서는 죽은 사람을 신으로 모시는 경우가 많아요. 뿐만 아니라 천둥, 비, 바람, 산, 강, 바위, 짐승, 벌레 등 모든 자연과 자연 현상까지도 신이 될 수 있지요.

　따라서 위대한 사람도 신이 되고, 억울하게 죽은 사람도 귀신이 되고, 심지어는 커다란 나무도 귀신이 돼요.

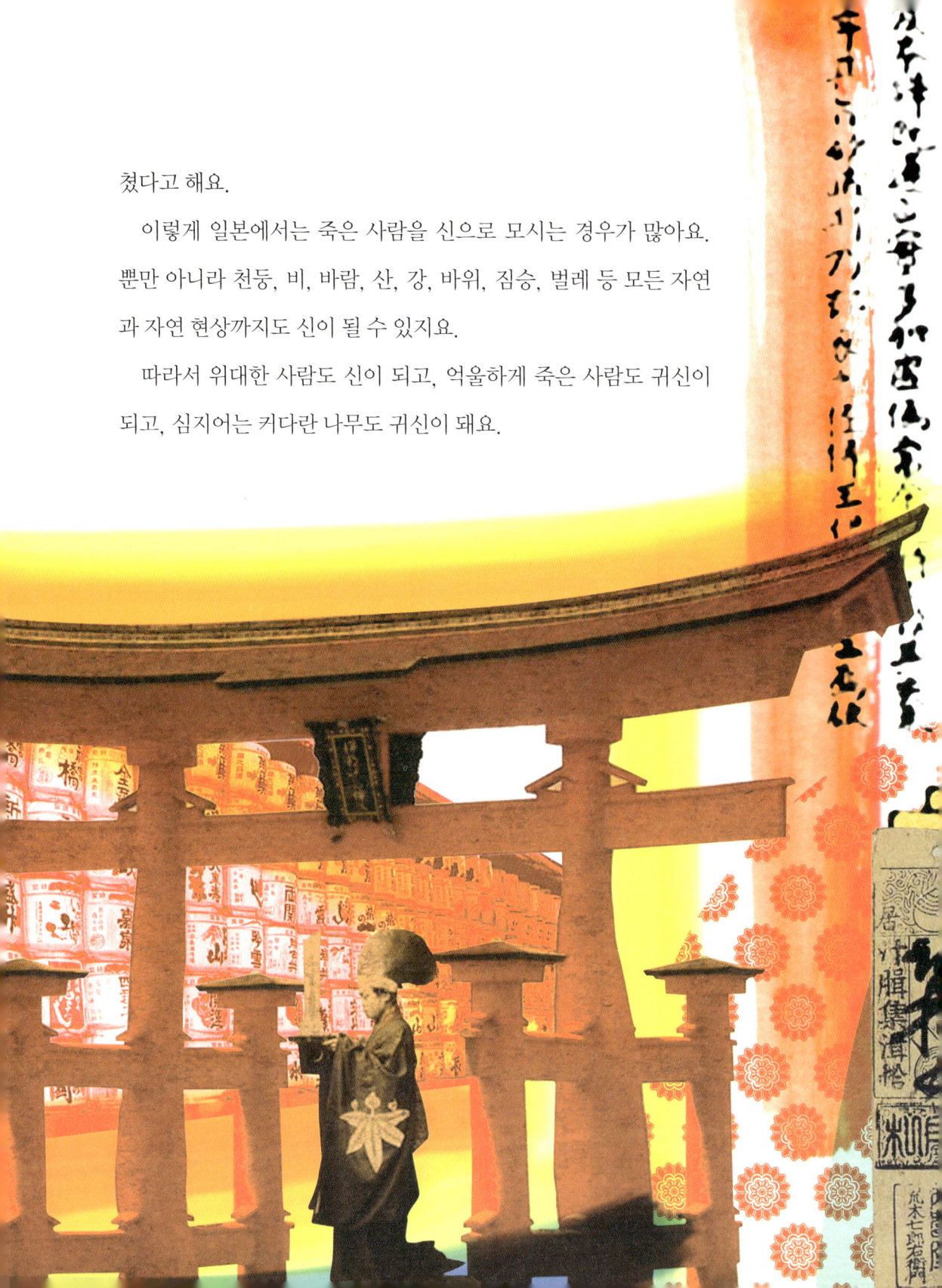

이렇게 자연 현상부터 죽은 사람까지 많은 신들을 모시는 일본 고유의 종교를 '신도'라고 불러요.

신도는 '신들의 길'이란 뜻으로 일본 선사 시대부터 시작되었어요. 전설에 따르면 자연 현상을 지배하던 신들이 지상에 내려와서 산, 강, 바위, 나무 등과 같은 자연물에 깃들어 살았어요. 시간이 흐르면서 이들에게 신령이라는 뜻의 '가미'라는 이름이 붙었어요. 그리고 가미마다 고유의 신사를 두어 숭배하게 되었지요.

신을 모시며 제사 지내는 곳을 신사라고 해요. 신도는 창시자나 창조신 등의 특별한 신앙 체계가 없어요. 일본의 고유 종교는 신도이지만 불교의 영향도 많이 받았어요. 따라서 일본에서는 생일이나 결혼은 신도식으로 하고, 장례식을 거행할 때는 불교식으로 하는 것이 일반적인 풍습이에요.

신도는 신사에 신을 모시고 제사를 지내고 소원을 빌지만 특별한 예배 의식이나 경전은 없어요. 아이들이 태어나거나 자랄 때, 특별한 날 등에 기도를 올리고 축복을 비는 것이 종교 활동의 전부지요.

신도에서 모시는 신들은 행운과 부와 행복을 가져다준다고 믿지만 잘 모시지 않으면 화를 입을 수도 있어요. 위에서 읽은 미치자네의 이야기를 보면 알 수 있지요.

모든 것이 신이 될 수 있다니 좀 시시하다구요? 하지만 반대로 생각해 보면 모든 죽은 영혼과 자연물 하나까지도 소중히 여기고 소홀히 하지 않는 일본 사람들의 마음이 담겨 있다고 할 수 있어요.

위대한 사람들을 신으로 섬기며 본받으려는 마음, 복을 빌고자 하는 마음, 억울하게 죽은 혼을 달래고 위로하고자 하는 마음, 모든 자연물과 자연현상을 두려워하고 소중하게 여기는 마음이 신도에 담겨 있다고 할 수 있지요. 미치자네의 전설은 이러한 신도의 모습을 보여 주는 이야기랍니다.

## ★ 미치자네의 생애

스가와라노 미치자네는 9세기경 일본 헤이안 시대에 살았던 사람이에요. 당시의 유명한 문장가이자 정치가였지요. 현재는 교토에 있는 텐만구라는 신사에서 신으로 모셔지고 있어요. 미치자네는 아버지 스가와라노 코레요시와 오토모시 출신의 어머니에게서 태어났지요.

어머니는 불교 신자였는데 어린 미치자네를 불교의 이념대로 교육했다고 해요. 그의 가문은 훌륭한 문장가의 가문으로 미치자네도 그 뒤를 이어 유명한 문장가가 되었어요.

미치자네의 저택은 항상 그의 강의를 듣고 싶어하는 제자들로 붐볐지요. 열여덟 살에 시험에 급제하고, 스물여섯 살에는 관리 등용 시험에 합격했어요. 그리고 서른세 살에는 가장 젊은 나이로 문장박사가 되었어요. 그 후로 여러 관리직에 올랐던 미치자네는 서기 899년에는 아주 높은 자리에 오르게 되었답니다.

하지만 이렇게 승진을 빨리 하자 다른 귀족 세력들의 미움을 받았어요. 그 후 미치자네는 다시 더 높은 자리로 승진하게 되지만 이를 시기한 후지와라노 토키히라가 미치자네가 죄를 지었다고 고발하여 타지이후 지역으로 쫓겨나게 되었어요. 그곳에서 외롭게

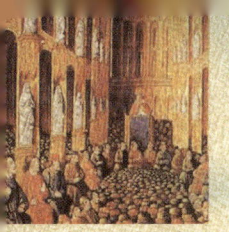

살아가던 미치자네는 쉰아홉 살의 나이로 세상을 떠났답니다.

그가 남긴 시들은 500여 편이나 돼요. 그의 시와 글을 모아놓은 ≪칸케분소≫와 ≪칸케고슈≫는 일본 역사에서 매우 뛰어난 한시집으로 손꼽히고 있어요.

미치자네가 죽은 후 각종 질병과 천재지변이 끊이지 않고 이어졌어요. 그리고 그를 몰아내는 데 관련되었던 사람들이 갑자기 연달아 죽었지요. 사람들은 이것이 미치자네의 원한 서린 영혼 때문이라고 생각해 사당을 세우고 그에게 제사를 지냈어요. 나라에서도 죽은 그에게 가장 높은 관직을 내렸지요. 미치자네의 영혼은 죽어서도 사람들의 존경과 두려움을 한몸에 받았던 거예요.

오늘날에는 시험에 합격하기를 바라는 사람들이 주로 그의 사당을 찾아가 기도를 올린답니다.

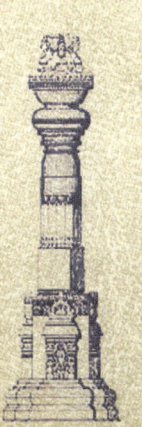
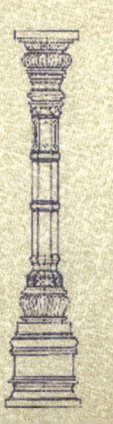

## 일본 사람들은 살아 있는 천황을 왜 신처럼 숭배했을까?

과거에 일본 사람들은 현재의 일왕인 일본의 왕들을 천황이라고 부르며 신처럼 여겼어요. 일본의 신도에서는 죽은 사람들을 신으로 모시는 경우가 많이 있지요. 그런데 왜 살아 있는 천황을 신으로 대우했을까요? 그것은 일본의 건국 신화와 관련이 있어요.

하늘에서 어두운 바다를 내려다보던 신령들이 세상을 창조하기 위해 남신과 여신을 만들었어요. 남신 이자나기가 신령에게서 받은 창을 바다에 넣었다가 꺼내어 거기에 묻은 물방울들로 일본 땅을 만들었어요. 그리고 여신인 이자나미와 결혼하여 혼슈, 시코쿠, 규슈 등을 낳지요. 불의 신을 낳다가 이자나미는 죽고 그 후 이자나기에게서 나온 아마테라스는 태양의 여신이자 신도의 최고신이 된답니다.

강하고 자부심이 큰 민족이 되고 싶었던 일본은 신도를 국가의 종교로 정했어요. 그리고 학교에서 역사 시간에 초대 천황이 신화에 나온 아마테라스의 후손이라고 가르쳤지요. 따라서 그 후손인 현재의 천황도 신이며 황족은 신들과 관련이 있다고 가르쳤어요. 따라서 일본은 신인 천황에게 완전히 복종해야 하는 것이었지요.

하지만 1945년 일본이 전쟁에서 패하자 신으로서의 천황의 권위는 떨어지고, 종교와 정치가 분리되었어요. 하지만 아직도 일본 사람들 중에 많은 사람이 일왕을 신으로 믿고 있어요.

### 야스쿠니 신사는 무엇일까?

　신사는 신을 모시고 제사를 지내는 곳이에요. 그런데 일본 사람들이 야스쿠니 신사를 참배하는 것을 두고 우리나라 사람들과 일본 사람들 사이에 갈등이 일어나는 경우가 있었어요. 야스쿠니 신사는 어떤 곳일까요? 야스쿠니 신사는 제2차 세계 대전에서 죽은 사람들의 위패를 둔 곳이에요. 일본 사람들은 다른 신사와 마찬가지로 야스쿠니 신사에서도 참배를 올리지요.

　우리나라 사람들이 그 신사에 참배하는 것을 싫어하는 이유는 제2차 세계 대전에 책임이 있는 일본이 반성은 하지 않고 오히려 전쟁을 정당하게 생각한다는 것이지요. 하지만 일본의 종교적인 관점에서 보면 일본 사람들은 한이 남은 죽음은 원한 맺힌 영혼이 된다고 믿어요. 그리고 그러한 원령은 재앙을 가져온다고 믿어요. 따라서 그러한 영혼을 달래는 신사참배는 일본의 문화로 볼 수 있어요.

　다만 신사참배의 과정에서 독도가 일본의 땅이라고 주장하거나 과거에 아시아의 여러 나라를 식민지로 삼으려고 전쟁을 일으켰던 일을 그리워 하는 것처럼 보이는 것이 문제가 되는 것이지요.

　하지만 단순히 야스쿠니 신사참배만을 놓고 보면 서로 다른 문화의 차이로 이해할 수 있을 거예요.

세계는 한 나라이며 인류는 그 국민이다,
바하 알라
# 바하이교 이야기

　바하 알라는 감옥에서 누군가에게 열심히 편지를 쓰고 있었어요. 그리고 다 쓴 편지는 당시 세계에서 강국이었던 프랑스의 루이 나폴레옹 3세에게 전해졌어요. 하지만 그 편지를 받은 나폴레옹은 화가 나서 "쳇, 자기가 하나님이 보낸 사람이라고? 그럼 난 하나님 둘을 합친 사람이다!"라고 소리쳤어요. 그리고 편지를 북북 찢어 던져 버렸어요.

　그 소식을 들은 바하 알라는 실망하지 않고, 그 다음 해에 다시 나폴레옹

3세에게 편지를 보냈어요. 바하 알라는 자신이 보낸 편지를 찢어 버린 나폴레옹 3세의 태도를 꾸짖었어요. 그리고 다음과 같은 내용을 편지에 적어 보냈어요.

"그대가 하는 일은 그대의 나라를 혼란에 빠뜨리고 그 결과 주권은 그대의 손에서 떠날 것이오. 그대에게는 파멸이 올 것이다. 들으라, 만약 그대가 나의 이 강력한 동아줄에 매달리지 않으면 그것이 그대를 떠나고 말 것이다. 나는 곧 그대가 패하여 망하는 것을 보고 있건만, 그대는 전혀 그것을 모르고 있다."

하지만 당시 최고의 권력을 갖고 있던 나폴레옹 3세는 바하 알라의 편지를 비웃었어요. 그리고 그 다음 해에 프러시아와 전쟁을 일으켰지요. 사람들은 나폴레옹 3세가 이길 것이라고 생각했어요. 하지만 나폴레옹 3세는 전쟁에서 계속 졌고, 프러시아군의 포로가 되었다가 영국에서 비참한 최후를 맞고 말았어요.

바하 알라는 이 외에도 오스트리아, 독일, 러시아, 페르시아, 영국의 왕들과 각국의 정치 지도자나 종교 지도자들에게도 편지를 보냈어요. 그의 편지에는 하나님을 믿을 것, 그리고 세계의 평화를 이룰 것을 말하는 내용이 들어 있었지요. 그는 감옥에 갇힌 죄수였으면서 왜 이런 편지들을 보냈을까요?

바하 알라의 원래 이름은 미르자 후세인 알리로 그는 바하이교를 창시한 사람이에요. 바하이교는 그리스도교나 이슬람교와 마찬가지로 유일한 신인 하나님을 믿는 종교예요. 다만 바하 알라가 하나님이 이 세상에 보내신 마지막 예언자라고 믿는다는 점이 다르지요.

바브교의 창시자인 바압이라는 사람은 무함마드가 마지막 예언자가 아니며 곧 신의 새로운 예언자가 나타날 것이라고 했어요. 그런데 바하 알라는 그 예언자가 바로 자신이라고 했어요. 그는 종교를 창시하면서 자신의 이름을 바하 알라로 바꾸었는데 바하 알라는 신의 영광이라

는 뜻이에요. 따라서 바하이교에서는 그리스도, 석가모니, 조로아스터, 크리슈나, 무함마드와 같은 각 종교의 예언자들이 모두 하나님이 보낸 사람들이며 그 마지막 예언자가 바하 알라라고 믿어요.

이러한 바하 알라의 가르침을 따르는 사람들을 페르시아어로 '바하이'라고 불러요. 바하이교라는 이름은 여기에서 비롯된 이름이지요. 바하 알라의 가르침 중 가장 중요한 것은 바로 모든 사람은 하나님이 창조했으며 큰 나무의 가지와 같이 인류라는 큰 가족의 구성원이라는 거예요. 따라서 사람은 모두 평등하고, 남녀 차별, 인종 간의 차별이 없어져야 한다고 이야기해요. 나아가서는 세계의 평화를 이루는 것이 하나님의 뜻이라고 믿는답니다.

또 모든 종교의 가르침에는 그 밑바탕에 일치하는 면이 있고, 모든 종교의 예언자들이 하나의 신인 하나님으로부터 예언을 받았기 때문에 모든 종교가 기본적으로 하나라고 믿어요. 따라서 여러 종교의 조화를 위해서도 노력해야 한다고 가르치지요.

하지만 무함마드가 하느님이 보내신 마지막 예언자라고 믿는 이슬람교는 바하이교를 잘못된 종교라고 하며 박해했어요. 그리고 현재에도 많은 갈등을 빚고 있지요. 바하올리는 종교 박해로 감옥에 갇혀 있으면서도 자신의 종교적 신념에 따라 여러 나라의 왕들에게 편지를 보냈던 거예요. 종교 안에서 화합하고, 세계의 평화를 이루고자 한 실천이었지요.

바하이교의 역사는 161년밖에 되지 않았지만 기독교 다음으로 빠르게 전 세계로 전파되었어요. 바하이교의 본부는 이스라엘에 있으며 약 6백만 명 정도의 신도가 230여 개의 국가에 퍼져 있답니다.

## ★ 바하 알라의 생애

　바하 알라는 1817년 11월 12일 이란의 수도인 테헤란에서 태어났어요. 이란의 대신이자 페르시아 왕가의 후손인 미르자 압바스의 장남으로 태어나 많은 부와 권력을 물려받았지요. 바하 알라는 어린 시절 가정교사에게 교육을 받기는 했지만 따로 학교 교육을 받지는 않았어요. 하지만 어린 시절부터 학문이나 성품이 훌륭했다고 해요.

　그가 스무 살이 되던 해, 아버지가 돌아가시자 페르시아 왕가의 전통대로 그 아버지의 직책을 물려받아야 했지만 그것을 거절했어요. 그리고 가난하고 소외된 사람들을 돌보기 시작했지요.

　이때 바브교의 창시자인 바압이 나타나 무함마드 이후 새로운 예언자가 나타날 것을 예언했고, 바하 알라도 그의 말을 지지했어요. 그 때문에 바하 알라는 재산을 빼앗기고 감옥에 갇혔어요. 그리고 여러 차례의 고문과 추방 명령을 받게 되었지요.

　첫 번째로 추방당한 바그다드에서 그는 자신이 바로 바압이 예언한 '하나님의 예언자' 라고 선언했어요. 이때가 1844년으로 그의 나이 스물일곱 살 때였어요. 그때부터 그는 40여 년간 옥살이와 유배 생활을 하게 되었어요. 바

그다드에서 콘스탄티노플로, 다시 아드리아노로 추방당했지요. 그러는 동안에 바하 알라는 1863년 5월 23일 바하이교를 창시했어요. 그리고 결국 1868년 감옥 도시인 이스라엘의 악카로 추방당했어요.

아드리아노와 악카에서 바하 알라는 당시의 세계 지도자들에게 편지를 보냈어요. 미래에는 전 세계가 통합될 것을 알리고, 인류의 화합과 세계 평화를 이루는 데 힘써 줄 것을 요구했지요. 그러다 악카의 교외 지역인 바아지에서 1892년 5월 29일 일흔다섯 살의 나이로 세상을 떠났어요.

바하 알라의 묘는 현재 이스라엘의 바아지에 남아 있어요. 바아지는 바하이교도들의 성지로 그의 가르침을 실현하려는 바하이 국제 공동체의 중심 지역이 되고 있답니다.

그가 죽은 후 바하이교의 탄생지인 이란에서 1979년 이란 혁명이 일어나자 이란의 최고 지도자 호메이니는 바하이교도들을 더욱 괴롭혔어요. 결국 바하이교도들이 이란을 탈출하기 시작했는데 이것이 전 세계로 바하이교가 전파되는 계기가 되었답니다.

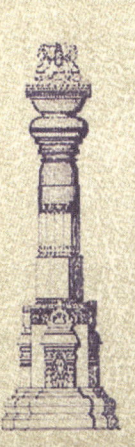
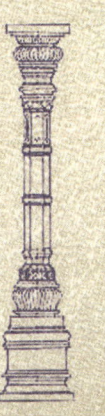

## 바하이교와 국제연합

바하이교에서는 하나님이 보낸 예언자들의 공통된 목적은 인류를 정신적으로, 도덕적으로 성숙하도록 이끄는 일이었다고 이야기해요. 마지막 예언자로 나타난 바하 알라의 임무 또한 전 인류를 하나의 가족과 같이 통합시켜 평화를 건설하는 데에 있었다고 믿지요. 따라서 이러한 가르침을 실천하는 것을 중요한 종교적 의무로 생각해요. 그리고 그 가르침을 실현하기 위한 방법으로 다음과 같은 주요 원리를 내세웠어요.

- 모든 형태의 편견 버리기
- 남자, 여자의 완전한 평등
- 세계의 위대한 종교들의 원천과 그러한 종교들의 근본적인 일체성에 대한 인식
- 빈부격차 제거
- 범세계적인 의무교육의 실시
- 각 개인의 독자적인 진리 탐구에 대한 권리와 의무
- 세계 연방체제 설립(세계 공통어 제정)
- 종교와 과학의 진정한 조화 인식

바하이교도들은 이러한 것들을 실현하기 위해 국제 사회에서 여러 가지 활동들을 하고 있어요. 특히 유엔의 활동을 가능한 여러 방법을 통해 돕고 있지요. 바하이교도들의 공동체인 바하이 국제 공동체는 유엔 경제 사회의 고문과 유엔 국제 아동 기금의 자문 역할을 맞고 있어요. 또 뉴욕과 제네바에 있는 공동체 사무소 그리고 많은 국가의 바하이교도들이 정기적으로 세계의 경제 사회 생활에 관계되는 회담, 회의, 세미나에 참석해요. 이러한 활동을 통해 국제 연합, 세계 공통어, 세계의 경제적 협력, 범세계적인 의무 교육, 온 인류를 위한 인권 보호법, 통합된 국제적 통신 및 통화제 등을 지지한답니다.

바하이교도들은 아직까지도 일부 국가에서 종교적인 문제로 박해를 받고 있어요. 하지만 바하이교도들은 그들의 인권뿐만 아니라 인류 전체의 인권을 보호하기 위해 노력하고 있어요. 바하이 국제 공동체는 소수 인종의 인권, 여성의 지위, 범죄 예방, 마약 규제, 가족과 아동의 복지, 군비 축소 운동에 관한 유엔의 협의를 지지하고 열심히 참여하지요.

# 삶의 목표는 행복에 있다,
# 달라이 라마 14세
# 라마교 이야기

달라이 라마 14세가 1982년 프랑스를 방문했을 때의 일이었어요. 그는 그곳에서 나이 많은 파워 린포체를 만나 함께 식사를 하고 있었어요. 파워 린포체는 달라이 라마 14세와 마찬가지로 중국이 티베트를 침략했을 때 조국을 떠나 외국에서 살아가는 처지였지요. 두 사람이 한가로이 티베트 시절 이야기를 나누고 있었을 때였어요.

파워 린포체가 식당 바닥을 기어가는 개미 한 마리를 발견했어요. 개미는 미끄러운 마룻바닥 위를 힘겹게 기어가고 있었지요. 하지만 파워 린포체는 너무 늙어서 이미 두 다리를 쓸 수 없는 상태였어요. 그는 달라이 라마 14세에게 자기 대신 그 작은 생명체를 도와줄 것을 부탁했지요. 노승의 부탁을 받은 달라이 라마 14세는 조심스럽게 개미를 집어 들어 축복의 말을 속삭인 다음 햇볕이 드는 뜰에 안전하게 옮겨다 주었답니다. 그러고는 식탁으로 돌아와 유쾌하게 웃으며 말했어요.

"말씀대로 했습니다. 린포체 님, 당신의 눈은 이미 노안이 되었지만 마음의 눈은 제 눈보다 훨씬 밝군요. 사람들은 명상과 자비심에 대해 말하지만 살아 있는 작은 생명체 하나도 눈여겨보는 것이야말로 진정한 사랑의 정신이지요."

이 이야기 속에 나오는 달라이 라마 14세는 자비와 사랑에 대한 가르침으로 오늘날 많은 세계인들의 존경을 받고 있는 승려예요. 그의 원래 이름은 텐진 갸초예요. 라마교의 전통에 따라 어린 시절에 14대 달라이 라마가 되었지요.

라마교는 티베트를 중심으로 발전한 불교로 몽골을 비롯한 네팔 지방에 퍼진 불교의 한 분파예요. 인도의 대승불교와 인도 종교의 한 분파인 밀교의 수행방식이 합해져 생겨났지요. 따라서 종교적인 사상은 다른 불교와 크게 다를 것이 없어요. 라마교는 '티베트 대장경'과 여러 가지 저서들, 라마교 유적과 미술품 그리고 음악이 어우러져 불교의 커다란 보고이자 인류 최대 문화유산 가운데 하나로 꼽히지요.

그런데 라마교의 독특한 점은 불교에서의 윤회, 즉 생명체가 죽으면 다시 다른 생명으로 태어나게 된다는 것을 바탕으로 살아 있는 부처들이 태어난다고 믿는 것이에요. 그들을 바로 '라마'라고 불러요. 라마교에는 많은 라마들이 있어요. 라마란 덕이 높은 스승이라는 뜻이지요. 그중에서도 달라이 라마는 최고의 라마로 여겨져요.

'달라이'란 바다를 뜻하는 말로 달라이 라마는 '지혜의 큰 바다', 또는 '큰 지혜를 가진 바다와 같이 큰 스승'이란 뜻이지요.

티베트 사람들은 자신들의 땅을 관음보살의 땅이라고 생각하고, 달라이 라마는 관음보살의 환생이라고 믿어요. 제1대 달라이 라마는 1391년에 태어난 겐둔 그룹이라는 사람이었어요. 티베트 사람들은 그를 관음보살의 환생이라고 믿었어요. 그리고 그 달라이 라마가 죽은 후 계속해서 다른 사람으로 태어났다고 믿어요. 그래서 달라이 라마가 죽으면 그가 어디서 어떤 아이로 다시 태어났는지 찾기 위해 노력해요. 그리고 그가 죽으면 다시 다른 아이를 찾아 대를 잇지요. 그렇게 이어져 내려와 현재에는 제14대인 달라이 라마가 그 대를 잇고 있어요. 달라이 라마는 종교적으로는 살아 있는 부처로 존경받는 신앙의 대상이며 동시에 정치적으로는 최고 정책결정권을 갖는 국가 통치자라고 할 수 있지요.

달라이 라마 14세는 불교의 사상을 바탕으로 티베트 사람들뿐만 아니라 전 세계에 많은 가르침을 주었어요. 불교의 가장 큰 가르침인 자비를 널리 알렸지요. 그는 많은 사람들을 만나 대화하고, 책을 쓰면서 자신의 생각을 널리 알렸어요.

일반적인 불교에서는 욕심을 내지 않고 욕망을 억제하는 수행을 중요하게 생각해요. 그런데 라마교에서는 이런 욕심과 분노, 질투, 혐오 등 인간의 기본적인 욕망을 거부하기보다는 오히려 건전하고 유익한 힘으로 변화시키려고 노력해요. 달라이 라마 14세는 이러한 라마교의 정신을 바탕으로 이렇게 이야기했어요.

"삶의 목표는 행복에 있고, 행복은 각자의 마음속에 있다."

우리는 살아가면서 행복해지기 위해 많은 것을 갖고 이루고 싶어하지요. 하지만 이런 것은 불안정한 행복이고, 우리의 마음속에서 만족을 찾을 수 있다면 그것이 진정한 행복이라는 것이지요. 탐욕의 반대는 욕심을 내지 않는 것이 아니라 만족이라고 달라이 라마 14세는 이야기한답니다.

## ★ 달라이 라마 14세의 생애

오늘날 달라이 라마의 대를 잇고 있는 달라이 라마 14세의 본래 이름은 텐진 갸초예요. 그는 1935년 5월 5일, 티베트 북동부 타스커라는 작은 마을에서 태어났어요. 텐진 갸초는 티베트 정부로부터 13대 달라이 라마의 환생으로 인정받아 다섯 살의 나이에 14대 달라이 라마의 자리에 오르게 돼요. 그 후 전통적인 불교 교육 과정을 모두 마치게 되었어요. 하지만 1959년 티베트 본토가 중국 공산당에게 무력으로 점령당하자 인도로 망명을 할 수밖에 없었지요.

망명한 이후, 달라이 라마 14세는 티베트에 자치권을 줄 것을 세계에 호소하고, 또 한편으로는 종교적 사상을 바탕으로 자비심과 상호 이해에 관한 가르침을 온 세계에 전했어요. 그리고 티베트 민족의 정신적, 정치적 지도자로서 비폭력 평화주의에 입각한 독립운동을 주장했어요. 또 다양한 종교와 문화간의 상호 존중과 이해를 강조했지요. 달라이 라마 14세는 이러한 사상과 행동을 통해 온 세계 사람들의 사랑과 존경을 한 몸에 받았어요. 그 결과 1989년 노벨 평화상을 받았고, 1994년에는 루스벨트 자유상과 세계안보 평화상을 받기도 했어요.

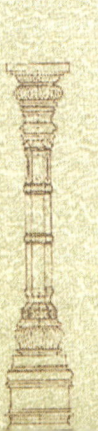

달라이 라마 14세는 의미 있는 삶과 평화롭게 죽는 지혜에 대한 많은 글을 남겼어요. 그의 가르침과 이야기를 담은 책으로는 ≪달라이 라마의 행복론≫, ≪오른손이 하는 일을 오른손도 모르게 하라≫, ≪깨달음에 이르는 길≫, ≪용서≫, ≪아름답게 사는 지혜≫, ≪달라이 라마 삶의 네 가지 진리≫ 등 아주 많은 책들이 있어요. 그리고 그의 삶을 직접 담은 자서전으로 ≪유배된 자의 자유≫가 있지요.

달라이 라마 14세는 지금도 티베트의 망명 정부가 있는 인도의 다람살라에 살며 망명 정부를 이끌고 있어요. 또 티베트의 문화를 보존하기 위한 교육, 문화, 종교 기구를 설립하기 위해 노력 중이랍니다.

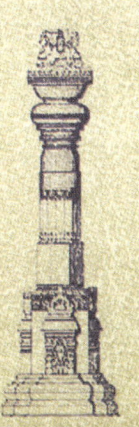
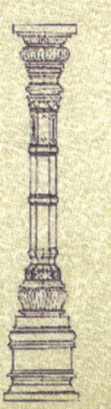

## 달라이 라마는 어떻게 뽑을까?

달라이 라마는 계속해서 다른 사람으로 환생한다고 해요. 그런데 어떤 사람으로 환생했는지 어떻게 알 수 있을까요? 우선 달라이 라마가 죽기 전에 다음 달라이 라마가 어느 지방에 태어날지 계시를 내린다고 해요.

그러면 새로운 달라이 라마를 찾은 임무를 지닌 승려들은 '라보이 라초'라는 호수를 찾아가요. 라모이 라초는 제1대 달라이 라마가 '후계자를 찾아 주는 신성한 호수'의 자격을 준 호수예요.

이렇게 해서 달라이 라마의 후보가 된 아이는 일종의 시험을 거치게 돼요. 이전의 달라이 라마가 쓰던 물건과 그렇지 않은 물건들을 아이 앞에 늘어놓지요. 아이가 달라이 라마가 쓰던 물건을 집어내면 그 아이는 전대 달라이 라마의 환생으로 인정된답니다. 달라이 라마 14세도 이러한 과정을 거쳐 인정을 받았어요.

지금까지의 달라이 라마들을 살펴보면 그 성격이 모두 달라요. 수행을 열심히 했던 분도 있고, 정치적인 활동을 열심히 했던 분도 있지요. 하지만 모두 일단 달라이 라마로 인정된 후에는 오랜 세월에 걸쳐 엄격한 교육을 받았어요.

따라서 달라이 라마의 훌륭한 가르침과 모습은 타고난 성품뿐만 아니라 자라면서 철저한 교육으로 닦아진 부분도 있답니다.

## 달라이 라마가 인도로 간 까닭

1945년 티베트는 중국으로부터 독립했지만, 1949년 마오쩌둥이 중화인민공화국을 세우면서 다시 중국의 영토가 되기를 강요당했어요. 티베트 정부가 이를 받아들이지 않자 중국은 1950년 여름, 무력으로 침략했어요. 결국 티베트는 할 수 없이 중국의 '화평해방'을 받아들여 1951년 5월 티베트 협정을 조인하게 되었어요. 그 대가로 중국 정부는 지역 자치, 완전한 종교적 자유, 판첸과 달라이 라마 14세의 권리를 되찾아 주기로 약속했어요.

하지만 그해 9월 9일 중국은 군대를 주둔시키며 직접적인 지배를 시작했고, 티베트의 문화와 전통을 무너뜨리기 시작했어요. 그리고 존경받는 종교인, 정치가들을 범죄자로 몰아 고문하고 사형시켰어요. 또한 1959년 중국은 달라이 라마 14세를 체포하려고 음모를 꾸몄어요. 중국의 음모를 안 티베트 국민들이 달라이 라마를 보호하기 위하여 노르불링카 궁에 모여들었어요. 그리고 중국을 반대하는 시위를 벌이기 시작했지요. 그러자 중국은 노르불링카 궁을 공격해서 약 1만 5천 명의 티베트인들이 죽었어요. 인도로 망명한 달라이 라마 14세는 인도 북부 히말라야 기슭의 다람살라에 티베트 망명 정부를 세우고 티베트의 독립을 위한 비폭력적인 운동을 펼쳐 나가고 있답니다.

# 초등학생이 꼭 알아야 할 기초 종교 상식

## ● 원시신앙

원시신앙은 역사가 시작되기 전, 선사 시대의 신앙을 말해요. 자연에 대한 공포심, 존경심을 바탕으로 이루어진 것으로 이후에 나타나는 종교들에도 많은 영향을 끼쳤어요.

원시신앙은 자연을 아끼고 보존하려는 마음을 갖게 하면서 심리적으로 위안을 받고, 의식을 통해 협동심도 기를 수 있는 장점도 있지만, 비과학적인 미신에 의존하게 되고, 스스로 문제를 해결하려고 하기보다는 운명에 매달리게 된다는 단점도 있어요.

대표적인 원시신앙으로는 애니미즘, 토테미즘, 샤머니즘이 있어요.

### 애니미즘

자연계의 모든 사물이 영혼이 있다고 믿는 가장 원시적인 신앙이에요.

특히 일본에서 애니미즘이 강하지요.

### 토테미즘

어떤 특정한 동물이나 상징물을 숭배하는 신앙이에요.

우리나라의 장승, 아메리카 각 부족의 상징물 등이 토테미즘에서 비롯된 것이지요.

### 샤머니즘

주술의 힘을 가진 샤먼(무당)이 신과 교류하여 신의 뜻을 받아들여 예언하고 병을 치료하는 등 주술 행위를 하는 신앙이에요.

## ● 우리나라 원시신앙의 예

아직도 이어지고 있는 원시신앙의 형태로는 서낭당, 장승, 굿, 풍어제 당산제, 고사 등이 있어요.

### 서낭당

고전 소설을 보면 서낭당이 많이 등장해요. 서낭당은 마을의 수호신인 서낭에게 제사를 지내는 제단이에요. 돌무더기, 돌탑, 당집 등 여러 형태가 있지요. 그리고 서낭당 옆에는 보통 신성시되는 커다란 나무나 장승이 세워져 있어요. 사람들은 그 옆을 지나다니면서 돌을 쌓기도 하고 나무에 오색의 천을 꽂으며 개인의 소원이나 마을의 평안을 빌지요.

## 장승

우리에게 가장 친숙한 장승은 천하대장군과 지하여장군으로, 나무나 돌을 깎아서 만든 마을의 수호신이지요. 주로 마을의 입구나 길가에 세웠는데, 지역 간의 경계표시가 되기도 하고 이정표 역할을 하기도 하지요.

## 굿

신 내림을 받은 무당이 신에게 제물을 바치고 노래와 춤으로 소원을 비는 의식이에요.

## 풍어제

어업을 생업으로 하는 바닷가 마을에서 뱃사람들의 안전을 기원하고 고기가 많이 잡히기를 기원하며 행하는 굿이에요.

## 당산제

마을을 지켜 준다고 믿는 수호신인 당산신에게 마을 주민이 공동으로 드리는 마을 제사의 일종이다. 동제, 당제, 촌제, 부락제 등으로 불리기도 한다.

## 고사

개업식을 할 때 많이 봤을 거예요. 또는 영화나 드라마를 새로 시작할 때도 하지요. 돼지머리와 음식들을 차려 놓고 일이 잘 되기를 바라며 절을 하지요.

# 이제, 종교 여행이 끝났습니다

우리가 흔히 접하는 가톨릭교, 그리스도교, 불교 외에도

세상에는 참 많은 종교가 있었네요.

여러분은 어떤 종교를 가지고 있나요?

어떤 종교든 최종 목적은 행복한 삶일 거예요.

어떤 종교를 가지고 있든, 진심으로 믿어 보세요.